Je souhaite offrir ce livre à mes enfants et à tous les enfants de la Terre, pour qu'ils trouvent leur rôle de vie et profitent de leur voyage au paradis terrestre !

Pierre Morency

À mes enfants et à tous les enfants du monde. Découvrez le trésor en vous et laissez-le briller ! Il nous éblouira et illuminera votre chemin ! Bonne route !

Valérie Fontaine

À la jeunesse qui lit ceci, c'est le genre de bouquin que j'aurais aimé lire et relire dans le temps. Inspirant, motivant... et coloré. Bonne lecture !

Jean Morin

TABLE DES MATIÈRES

DEMANDE ET REÇOIS

(C'EST AUSSI SIMPLE QUE ÇA !)

BRAVO !

(OUI ! C'est à TOI que je parle !)

Je te félicite, car tu viens de plonger le nez dans un livre qui te donnera toutes les clés pour ouvrir les portes du

SUCCÈS.

Tu as une longueur d'avance sur tes parents… Je crois bien qu'à partir de maintenant, tu pourras devenir leur entraîneur privé vers la conquête du bonheur !

Enfonce bien ton casque de bain, il ne faut pas avoir peur de se mouiller pour sauter dans cette

MER DE NOUVELLES POSSIBILITÉS !

1 L'ÉCHAUFFEMENT

À QUOI RESSEMBLENT TES JOURNÉES ?

POUR METTRE UN PEU DE PIQUANT, TU AMUSES TES COPAINS EN FAISANT LE BOUFFON ET TU TE RETROUVES AVEC UNE CONSÉQUENCE ET UN MESSAGE À FAIRE SIGNER PAR TES PARENTS.
TU RETOURNES À LA MAISON EN TE TRAÎNANT LES PIEDS ET TU DOIS TOUT DE SUITE TE CASSER LA TÊTE SUR TES DEVOIRS ET LEÇONS.
APRÈS AVOIR AVALÉ TON SOUPER EN VITESSE ET FAIT TES CORVÉES...
... TU TE RÉFUGIES AU SOUS-SOL POUR ENFIN VAINCRE LES MÉCHANTS DE TON JEU VIDÉO PRÉFÉRÉ. C'EST LE MOMENT QUE TU PRÉFÈRES...

ET ÇA RECOMMENCE LE LENDEMAIN.

WOW, quelle vie passionnante, n'est-ce pas ? C'est le comble du bonheur !

Je me trompe ?

T'es-tu déjà demandé si ce genre de journée est **VRAIMENT** ce que la vie a de meilleur à t'offrir ? T'es-tu déjà demandé si tu pouvais accomplir les choses **AUTREMENT ?**

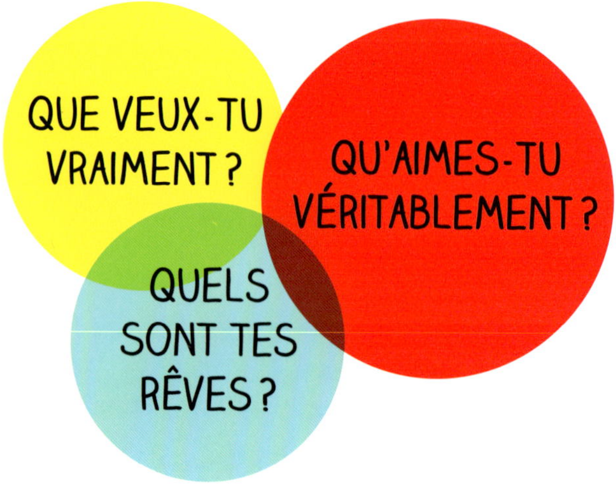

Cours **TOUT DE SUITE** prendre un crayon et un bout de papier. Vas-y !

ALLEZ ! TOUT DE SUITE, j'ai dit !

(Tes parents et ton prof aiment bien répéter, mais moi, j'ai trop de plaisir dans la vie pour attendre. Tu embarques ou non ? C'est ton choix, c'est ta vie... **ESSAIE !** Tu as tout à gagner et tu pourrais être surpris !)

Bon, j'avoue que ça prend un peu d'audace pour faire ce que je te demande, mais d'habitude, de l'audace, tu en as pas mal... Alors, prends une minute de ton temps et écris sur un bout de papier ce que tu voudrais demander à la vie, juste pour toi ! Juste pour le *fun* de voir ce qui va arriver avec cela. Ça pique ta curiosité, n'est-ce pas ?

POURTANT, tu n'hésites pas à demander toutes sortes de choses à tes parents :

- un nouveau **JEU VIDÉO**,
- de nouveaux **VÊTEMENTS**,
- de **L'ARGENT** pour aller au dépanneur ou pour faire des sorties,
- un nouveau **VÉLO**, ETC. ETC. ETC. ETC.

Bon, c'est **DÉCIDÉ !**
Tu embarques ? **SUPER !**
Alors, écris sur ton papier trois souhaits qu'un génie comme celui d'Aladin pourrait réaliser.

Mais attention, chacun d'eux doit correspondre à un critère précis.

SOUHAIT N° 1 QUE DÉSIRES-TU **AVOIR ?**

SOUHAIT N° 2 QUE DÉSIRES-TU **FAIRE ?**

SOUHAIT N° 3 QUE DÉSIRES-TU **ÊTRE ?**

Je sais que tu es capable de conjuguer ces trois verbes assez facilement. Les as-tu déjà conjugués en accord avec ta vie ?

ALORS, VAS-Y, RÉFLÉCHIS ET **ÉCRIS !**

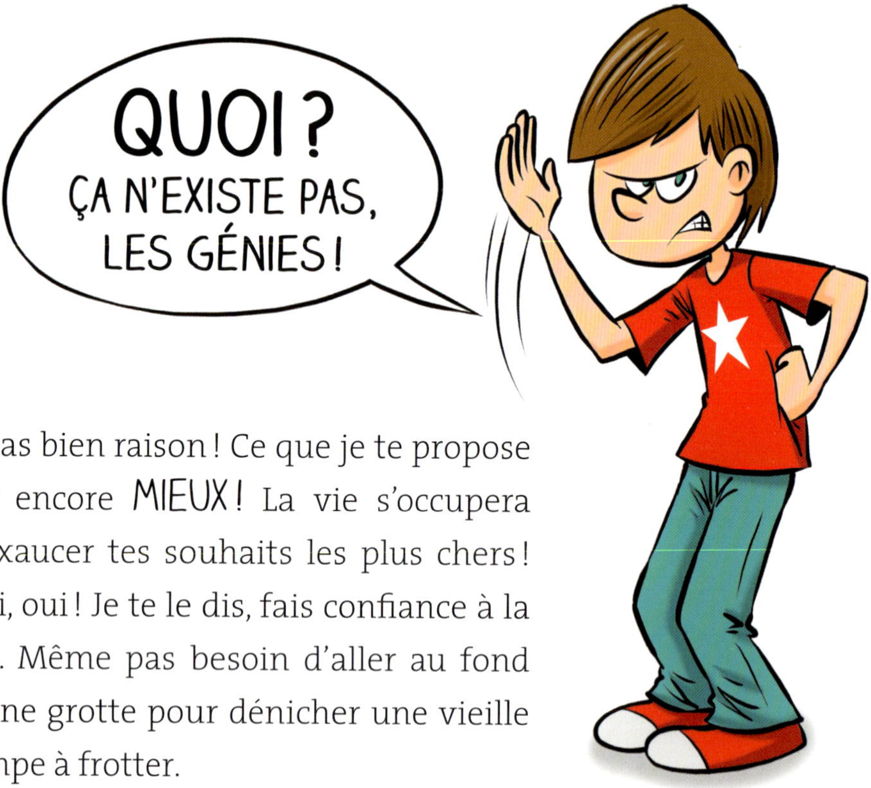

Tu as bien raison ! Ce que je te propose est encore MIEUX ! La vie s'occupera d'exaucer tes souhaits les plus chers ! Oui, oui ! Je te le dis, fais confiance à la vie. Même pas besoin d'aller au fond d'une grotte pour dénicher une vieille lampe à frotter.

Tu doutes **ENCORE...** Tu as envie de refermer le livre et de retourner à ton jeu vidéo (lui, AU MOINS, il ne s'obstine pas !) ?

LAISSE-MOI T'EXPLIQUER !

Ferme les yeux et imagine que tu n'existes pas.

C'EST BIZARRE, NON ?

Bonne nouvelle, tu es bien là ! En chair et en os ! Quelle chance ! Quel bonheur !

Quand on se met à réfléchir à notre existence, les grandes questions arrivent tout de suite. QUI SUIS-JE ? OÙ VAIS-JE ? QUE FAIS-JE ? Si tu le demandes à tes parents, ils te répondront sûrement que nous n'avons pas les réponses et que, si tu es chanceux et surtout très patient, tu les découvriras au fil de ta vie.

ERREUR !

Le voyage sur Terre est digne d'un séjour tout inclus. Tu peux y faire tout ce que tu désires, vas-y, rêve en grand ! Comment peux-tu te payer un tel voyage ? Avec le gros lot que tu as gagné lors de ta conception, dans le ventre de ta mère !

★ ★ ★

TU ES LE SPERMATOZOÏDE ÉLU !

Voici la recette des bébés :

INGRÉDIENTS :

- Un ovule bien rond
- 400 millions de spermatozoïdes (bien comptés, svp !)

MÉTHODE :

Laissez les spermatozoïdes rejoindre l'ovule dans une course enlevante. Observez bien les plus déterminés et ceux qui se découragent ou se trompent de chemin.

Au fil d'arrivée, laissez les plus rapides creuser l'ovule. Un seul vainqueur est admis à l'intérieur.

Laissez reposer neuf mois à la température du corps.

À la sortie du four (euh... à la naissance), vous aurez un beau bébé joufflu, qui bave et qui souille une montagne de couches !

VOILÀ ! Je t'annonce que **TU** es **LE** spermatozoïde gagnant ! **TU** as vaincu, dans la course la plus importante de l'existence **399 999 999** autres spermatozoïdes. Pour une telle conquête, tu mérites bien un prix de la plus grande valeur : **LA VIE.**

Il est donc temps de profiter de ton cadeau ! Et de vivre pleinement **TA** vie... Sous la supervision de tes parents, jusqu'à tes **18 ANS !**

WAM BAM BAM WA DA DOU, C'EST LE TEMPS DES VACANCES !

« Ouais, tu parles de belles vacances : aller à l'école, faire une tonne de devoirs, nettoyer sa chambre, sortir le chien et ramasser ses crottes, mettre la table, se faire dire quoi faire par tout le monde, être ridiculisé par le gros *tough* de l'école, compter dans son propre but au hockey… WOW ! JE CAPOTE DE PLAISIR ! »

Continue avec ton beau discours.

CHIALER ET CRITIQUER TOUT LE TEMPS = MEILLEURE FAÇON DE VIVRE UNE VIE DÉCEVANTE.

AVOIR DES PENSÉES NÉGATIVES = MEILLEURE FAÇON D'ATTIRER DES PROBLÈMES ET DU NÉGATIF DANS TA VIE.

AVOIR DE BELLES PENSÉES HEUREUSES ET ÊTRE POSITIF DANS TON QUOTIDIEN	=	MEILLEURE FAÇON D'ATTIRER LE BONHEUR DANS TA VIE !

N'hésite pas à mettre cela en pratique et tu verras que **J'AI RAISON.**

Prends l'énergie que tu mets à te plaindre et utilise-la pour trouver des solutions et changer les choses ! Tu as des insatisfactions ? Vise le **CHANGEMENT**. Mais, pour changer, tu dois d'abord savoir ce que tu veux vraiment. Et une fois que tu le sais, tu dois savoir comment t'y prendre pour améliorer ton sort. Ayoye ! Ça paraît gros tout ça, mais ne t'inquiète pas, je vais t'aider à y arriver, une étape à la fois.

★ ★ ★

DU TEMPS POUR PENSER

Quelle est la différence entre un animal et un humain ? L'humain pense...

QUAND prends-tu le temps de penser ? Pas penser à ton problème de maths ni penser au meilleur moyen de terminer ton niveau sur ta console de jeu. Penser à toi, à ce qui t'allume, à ce qui te fait rêver.

PAS SOUVENT ? JAMAIS ? Si tu ne penses pas, tu n'es pas mieux qu'une vache ou un cochon...

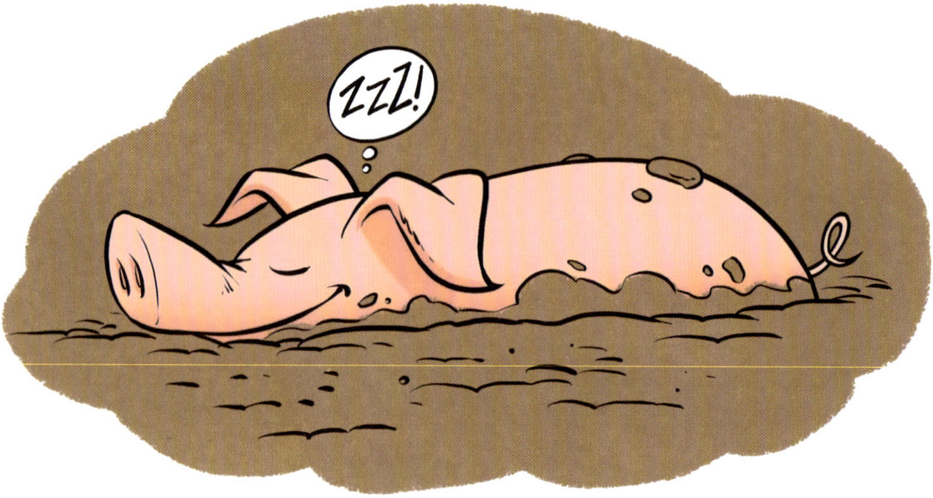

Et si tu ne penses pas à toi et pour toi, PERSONNE ne le fera à ta place ! Ça, je peux te le garantir !

« Je ne peux rien changer, mes parents et mon prof ne veulent rien savoir ! »

En réfléchissant plus souvent, tu pourrais trouver des façons originales de leur présenter tes demandes (écrire une belle lettre avec des arguments sensés, je crois que ça peut aider ta cause !), tu pourrais aussi découvrir des façons plus amusantes de faire tes tâches ennuyantes (apprendre tes multiplications en sautant à la corde, par exemple !) et même laisser la place à une nouvelle passion de se dévoiler.

Et tu pourras aussi réaliser que, ton voyage de rêve, tu le passes présentement enfermé dans ta chambre d'hôtel, les rideaux tirés.

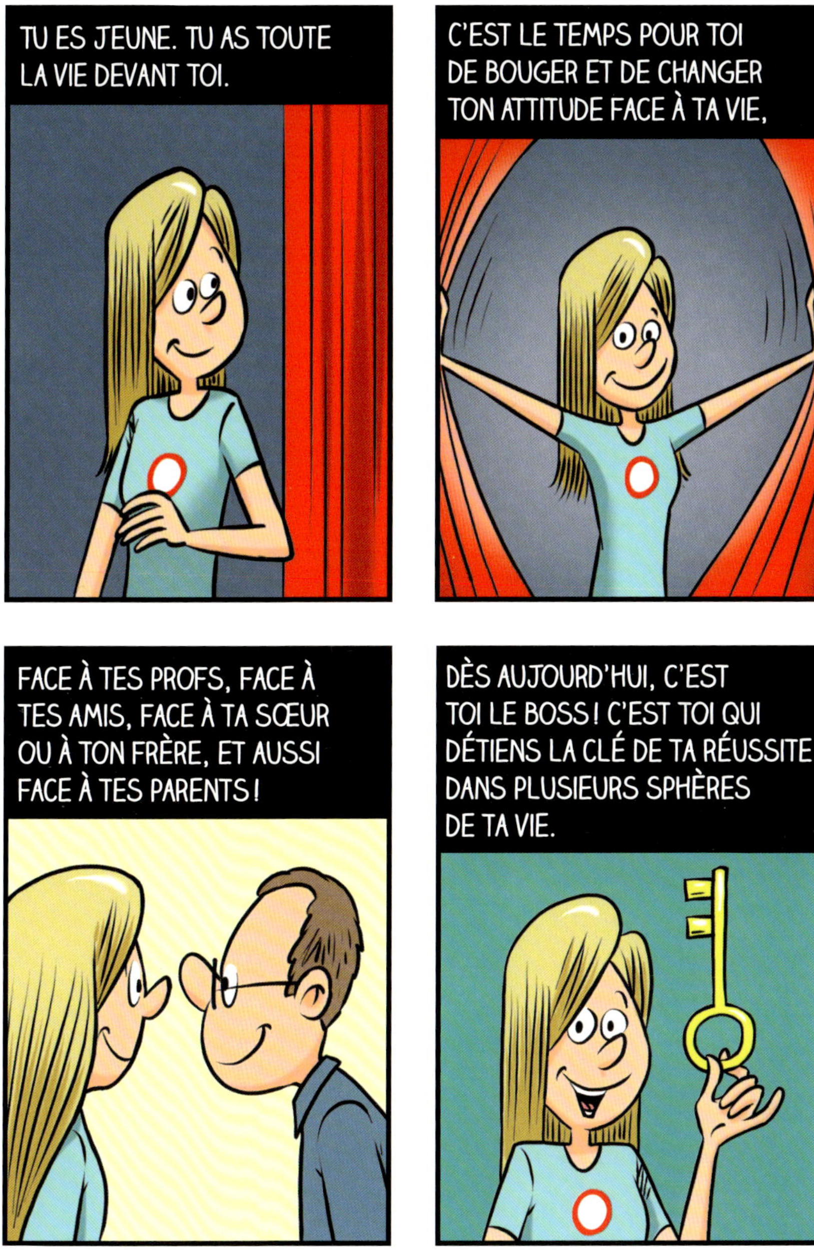

Tu es TANNÉ d'une telle situation? Tu sais quoi faire pour y remédier? Alors mets en pratique tout de suite la solution. TA VIE T'APPARTIENT et tu peux trouver le moyen de faire en sorte qu'elle soit magique et comme tu le souhaites.

2 LES PRINCIPES SCIENTIFIQUES

ALLEZ, DEMANDE !

Puisqu'on te demande sans cesse ce que tu souhaites faire lorsque tu seras adulte, tu en es venu à croire que la vraie vie commencera seulement lorsque tu seras en âge de passer ton permis de conduire, d'être en couple et d'avoir un portefeuille rempli d'argent. Tu mènes donc ta petite vie plate, *en attendant*. Il est évident qu'il ne se passera rien de bien palpitant pour toi, car tu ne demandes rien, TU ATTENDS ! Passe une journée à attendre l'autobus, tu vas voir que ce ne sera pas ta journée la plus réussie.

PAS DE DEMANDE = UNE VIE PLATE EN TITI !

ET UNE FOIS QUE TU AS TOUT ÇA,
TU TE SENS BIEN ?

Le problème est que tes demandes n'ont rien à voir avec le grand objectif: **QUE TA VIE SOIT REMPLIE DE SUCCÈS!**

Tu as encore du travail à faire pour devenir

« MAÎTRE EN DEMANDE ».

Pour t'aider, laisse-moi te donner une leçon de science. Sois attentif jusqu'au bout. Et **NON**, il n'y aura pas de débordement de mélanges multicolores ni de volcan fait de vinaigre et de bicarbonate de soude. Il y a d'autres volets intéressants à la science à part faire exploser des trucs et causer des dégâts partout en inventant des mélanges! Par contre, si tu comprends bien ce qui suit, c'est ta vie au complet qui deviendra un grand feu d'artifice! **OUI, OUI, JE TE LE JURE!**

Si tu écoutes un peu dans tes cours de sciences, tu sais déjà que la Terre tourne autour du Soleil avec sept autres planètes. Tu sais aussi que cette révolution rythme les saisons. Chaque année, tu sais que l'hiver viendra, avec sa neige et ses congés tempêtes, que les vacances d'été te permettront de te baigner et de te faire bronzer. As-tu déjà craint que ce ne soit pas le cas ? As-tu déjà fait de l'insomnie parce que tu croyais qu'il neigerait pendant ta sortie de camping en juillet ? **JAMAIS !** Tout ce cycle est d'une précision extrême et, à quelques degrés Celsius près, l'hiver de cette année ressemblera à tous les autres hivers et ainsi de suite pour les trois autres saisons. Pourquoi ? Parce que tout cela est coordonné par des lois scientifiques et mathématiques. **TOUT EST CALCULÉ !**

Présentement, tu vis exactement la vie que tu as choisi de vivre. Elle est le miroir de toutes tes pensées. C'est ta conscience qui génère tes pensées. Ce processus crée de l'énergie. Cette énergie, bonne ou mauvaise, fait en sorte que tes pensées deviennent créatrices. Bon, c'est un peu fou tout ce charabia, mais quand tu y penses avec calme, c'est assez simple à comprendre. C'est ainsi que tes demandes se matérialisent ! C'est aussi simple que ça ! C'est la raison pour laquelle tantôt je te disais que c'est important d'avoir de belles pensées et d'être positif dans ta vie.

CAR TES PENSÉES SONT LE REFLET DE TA VIE.

... es-tu en train de te dire !

LOL !

Tu n'as **PAS** à te poser de question, tu n'as qu'à recevoir. Te demandes-tu comment tu feras pour lever ton bras quand tu as une question à poser à ton prof ? **NON.** Tu le lèves. **DONC, DEMANDE ET REÇOIS.**

Si tu t'entêtes à tout remettre en question, je vais être obligé de te donner d'autres exemples.

- ★ Lorsque tu vas au restaurant, t'inquiètes-tu de la recette du cuisinier ? NON, tu commandes, tu reçois ton repas et tu le manges.

- ★ As-tu remarqué que les oiseaux qui viennent se nourrir de graines de tournesol à ta mangeoire l'hiver ne t'ont rien demandé ? Ils s'attendent à trouver de la nourriture quelque part. Si ce n'est pas chez toi, ce sera ailleurs. Ils ont confiance et, par le fait même, ils reçoivent assez de nourriture pour survivre !

Il faut donc que tu apprennes maintenant, pendant que tu es jeune, à recevoir. En vieillissant, on se met à craindre de manquer de tout : d'argent, de nourriture, de vêtements. Efforce-toi dès maintenant de te mettre en tête que tu n'as qu'à recevoir. Simplement.

Pour t'aider à mieux comprendre tout ça, n'hésite pas à faire des expériences. Teste toutes tes croyances. Tu feras ainsi un beau ménage dans ta tête. Même si tu détestes le ménage, avoue que cela fait parfois du bien. Lorsqu'il est devenu impossible de te coucher dans ton lit sans t'écraser le nez sur un vieux cœur de pomme et que ton dos rouspète parce qu'il se retrouve appuyé sur ta dernière création d'arts plastiques, éliminer les déchets et laver les draps rendront ton sommeil meilleur.

En prime, tu retrouveras probablement ton devoir de maths de la semaine dernière. Parfois, il faut ce qu'il faut ! Même si ça demande des efforts… et un pince-nez !

CAPSULE SCIENTIFIQUE :

ARISTOTE ET GALILÉE

Aristote vivait au 4e siècle avant Jésus-Christ. Il est devenu un philosophe grec célèbre grâce à sa capacité de raisonnement remarquable. C'était un être d'une grande logique.

TOUS LES DEUX SE SONT DEMANDÉ CE QUI SE

Galilée est un mathématicien, philosophe et physicien de la fin du 16e siècle et du début du 17e. Il adorait expérimenter les concepts scientifiques.

PASSAIT LORSQU'ON LAISSE TOMBER DES OBJETS.

Les gens ont vécu pendant 1800 ans avec une fausse croyance quand il fallait tout simplement la tester pour connaître la vérité ! Il ne faut pas se fier à la logique, mais bien à l'expérience !

TON CERVEAU, CET ORDINATEUR

BZZZZZ! BZZZ!

Tu sais maintenant que tes pensées influencent ta vie. Mais ces pensées, D'OÙ VIENNENT-ELLES ?

Ton cerveau ressemble à un puissant ordinateur. Tes pensées sont des messages qui défilent sur ton écran. Elles sont créées par un logiciel complexe programmé à l'aide de tes croyances. QUEL GENRE DE CROYANCES ? En voici un échantillon :

Tu crois que tu es trop jeune pour réaliser tes rêves.

Tu crois que tes parents ne sont là que pour te dicter quoi faire et t'empêcher d'avancer.

Tu crois que tout s'apprend à l'école.

Tu crois que tes amis ont raison.

Tu crois que d'avoir tous les objets cool te rendra heureux.

Tu crois que de passer le dernier niveau de ton jeu vidéo est l'objectif le plus important de ta vie.

Tu crois qu'il faut toujours être entouré d'amis, sinon la vie est d'un ennui mortel.

Si tu es un garçon, tu crois que tu dois faire des choses de gars. Si tu es une fille, tu crois que tu dois faire des trucs de filles.

Tu crois que, si tu penses ou agis d'une façon qui ne ressemble pas à celle de tes amis, tu seras rejet.

Tu es jeune et toutes ces croyances te tournent déjà dans la tête ! Prends le temps d'analyser chacune d'elles. Il faut écouter la petite voix qui te parle à l'intérieur de toi : elle a souvent raison. Tu dois te faire confiance, car c'est toi le *boss*, après tout ! Qui sait, tu auras peut-être envie de balancer quelques croyances du haut de la tour de Pise ? LOL !

TU ES TROP JEUNE POUR RÉALISER TES RÊVES.

Vraiment ? Va sur le site YouTube. Il abonde de vidéos de jeunes comme toi qui chantent, dansent, jouent de la musique, qui accomplissent de véritables exploits dont certains adultes ne pourraient même pas rêver. Tu sais quel est leur point commun, à tous ces jeunes ? Du talent, oui ! La volonté de réussir et le plaisir, surtout ! Fonce vers tes rêves. Fais un pas maintenant ! Allez, VAS-Y ! La pire chose qu'il puisse t'arriver, c'est de te tromper ou que ta tentative échoue. C'est certain que si tu ne tentes rien, eh bien, tu n'obtiendras rien non plus !

TES PARENTS TE DICTENT QUOI FAIRE ET T'EMPÊCHENT D'AVANCER.

Oui, tes parents veulent le meilleur pour toi. Dans leur tête de vieux, ils s'inquiètent beaucoup trop pour ton avenir. Mais si tu leur présentes un projet qui te tient à cœur, que tu leur prouves que tu as réfléchi et que tu as de bons arguments, il est certain qu'ils seront heureux de te donner un coup de pouce. Il suffit simplement de demander ! (Eh bien, ce mot me dit quelque chose...)

TOUT S'APPREND À L'ÉCOLE.

Oui, l'école, c'est important. Mais ce n'est pas le seul lieu où tu peux apprendre des choses pertinentes.

Tes grands-parents sont une grande source de savoir, il pourrait être bon que tu leur poses quelques questions et que tu écoutes leurs réponses. Tu pourrais faire de grandes découvertes sur ta famille et même sur la vie, à leur contact. Et quel bonheur, ils seront si contents de te voir qu'ils t'offriront probablement une « paparmane » et encore un beau bec mouillé !

Si tu veux exploiter un talent ou apprendre des techniques précises, le Net est un endroit qui regorge de connaissances. Tu veux apprendre à jouer du ukulélé ? Tu veux connaître le truc pour faire une pyramide en *cheerleading* ? TOUT Y EST !
Et c'est gratuit !

Il y a aussi la bonne vieille méthode : la lecture ! Il existe un endroit qui s'appelle la bibliothèque, tu connais ? Tu cherches un sujet et tu trouves une montagne de livres. Et... c'est gratuit là aussi !

TES AMIS ONT TOUJOURS RAISON.

Tes amis ont *parfois* raison. À toi de découvrir quand c'est le cas, selon toi. Ce qui est bien dans les relations avec les autres, c'est que tu peux prendre ce qui te convient et faire à ta tête pour le reste. Prends le temps d'écouter les arguments de l'autre, teste ce qu'il te dit et choisis ensuite. N'hésite pas à démontrer aussi ton point de vue. Tout le monde gagne à enlever ses œillères !

AVOIR TOUT CE QUE TU DÉSIRES TE RENDRA HEUREUX.

C'est vrai, c'est agréable d'avoir les objets qui nous font envie. Par contre, as-tu remarqué que tu t'en lasses très vite ? Cela vaudrait peut-être la peine de réfléchir à tes rêves et d'orienter tes besoins matériels pour t'aider à aller vers ceux-ci. As-tu vraiment besoin d'une nouvelle planche à neige ? Si tu n'aimes plus la couleur de l'ancienne, trouve une solution (la repeindre ? la décorer ?) ou choisis de l'aimer telle qu'elle est. De toute manière, sa fonction est de te faire descendre la pente ! Alors peu importe son design : son objectif sera atteint. Avec l'argent épargné, tu pourras peut-être te payer les cours de guitare dont tu rêves depuis longtemps ou encore assister au *show* de ton artiste préféré et avoir la chance de le rencontrer en coulisses... Essaie de dresser ta prochaine liste de cadeaux sans fouiller dans les catalogues. Fais un test !

RÉUSSIR LE DERNIER NIVEAU DE TON JEU VIDÉO EST LE PREMIER OBJECTIF.

Fais le test suprême : prive-toi de ton jeu vidéo, ou mieux, prive-toi d'écran pendant un temps déterminé. (Deux heures, ce n'est pas suffisant ! Compte en jours ! Vas-y, sois brave !) Tout d'abord, seulement pour voir le visage surpris de tes parents, ça vaut le coup. Je te le dis ! Une fois le temps de **SEVRAGE** passé, tu trouveras d'autres activités intéressantes à accomplir !

Pour t'aider, je te donne quelques idées : faire du sport, lire, dessiner, jouer à des jeux de société en famille, jaser, bricoler, faire du ménage (eh oui !), tricoter, danser, chanter, jouer des tours, voir tes amis... Après quelques jours, remarque ce qui a changé : comment te sens-tu dans ta tête ? Dans ton corps ? À l'école ? Avec ta famille ? Essaie ensuite de trouver un équilibre : un peu d'écran et un peu de vraie vie, peut-être ?

ÊTRE SEUL EST D'UN ENNUI MORTEL.

Oui, c'est agréable d'être avec les copains. Mais, pour réfléchir, la solitude est idéale. Alors, cesse de te plaindre qu'il n'y a rien à faire lorsque tous tes amis sont occupés, enferme-toi dans ta chambre, couche-toi sur ton lit et rêve éveillé. Pense à tes désirs, à tes objectifs, à ce que tu veux de la vie. Lorsque tu imagines quelque chose qui te fait battre le cœur plus rapidement, note-le dans un cahier spécial. Ce que tu viens de comprendre est important pour toi. Trouve ensuite des façons d'atteindre ton objectif. *Go!* Tu as maintenant quelque chose à faire ! Allez ! Trouve ce qui pourrait te faire vibrer, te faire VRAIMENT plaisir !

GARÇON = GOÛTS ET ACTIVITÉS DE GARS
FILLE = GOÛTS ET ACTIVITÉS DE FILLES

VRAIMENT ?!?

Ah ! Ce qu'il ne faut pas entendre ! Les garçons sont forts et robustes, ils doivent donc construire un gratte-ciel en arrêtant les méchants tout en faisant des découvertes scientifiques ? Les filles sont douces et fragiles, elles doivent danser en cuisinant des cupcakes tout en enseignant à des enfants malades ? Voyons donc ! Si tu te plais dans un rôle traditionnel, il n'y a pas de problème ! Par contre, si tu rêves de vivre une expérience que les jeunes ou les adultes du même sexe que toi ne réalisent pas habituellement, **FONCE !** Cette rareté devrait te donner une raison de plus de vouloir accomplir cet exploit ! De plus, tu deviendras une source d'inspiration pour les gens autour de toi qui n'osent pas ! Tu seras différent ! Tu seras toi ! Tu as besoin de tes propres modèles pour te donner du courage ? En voici une courte liste. Si tu ne les connais pas, tape leur nom dans un moteur de recherche. Tu découvriras des personnes inspirantes !

JULIE PAYETTE, ASTRONAUTE CANADIENNE

SANDRA DOYON, CAMIONNEUSE, AUTEURE DU LIVRE *JE VOUS ÉCRIS DE MON CAMION.*

NICO ARCHAMBAULT, DANSEUR QUÉBÉCOIS

PATRICK CHAN, PATINEUR ARTISTIQUE

SI TU N'AGIS PAS COMME LES AUTRES, TU FERAS RIRE DE TOI.

Et puis après ? Ils riront ! En continuant à faire ce que tu aimes, tu leur montres que cela ne sert à rien de se moquer de toi, car tu ne mords pas à leur hameçon empoisonné. Finalement, ils auront envie de t'imiter ! Vas-tu vraiment te priver de faire ce qui te chante à cause des autres ? Tes vrais amis t'appuieront dans ta démarche. Les autres, as-tu vraiment besoin d'eux ? Imagine que tu as une grosse carapace de tortue, non, de tortue géante et que les ricanements rebondissent sur celle-ci. La tortue contre la torture ! C'est un beau slogan, non ?

FINALEMENT

Il est grand temps de pirater ton cerveau et de le bousculer un peu ! CTRL + ALT + DELETE (qui pourrait être grossièrement traduit par : contrôle sur ta vie + attitude positive + effacement des mauvaises croyances !), voilà la recette gagnante pour repartir sur de nouvelles bases !

Ta nouvelle vie te rendra heureux, tu éclabousseras ton entourage de ton bonheur et tout cela sera contagieux !

Ah, l'erreur, cette mal-aimée ! On la barbouille de rouge, elle donne des gros yeux aux parents, elle nous fait sentir tout petit. Pourtant, l'erreur amène le changement. Un peu plus d'effort en maths, beaucoup de travail pour compter un but, effacer et recommencer. Et un jour, ça y est, c'est réussi. Est-ce si mal que ça de faire des erreurs, quand on les utilise pour avancer ? Non !

Devinette :

QU'EST-CE QUI EST LE PLUS INTÉRESSANT ?

1. **RESTER ASSIS PAR TERRE ?** Comme ça, tu ne risques rien et tu ne tomberas pas en bas de ta chaise non plus !

2. **TE LEVER** et tenter de **VIVRE** des situations et des aventures qui te feront rire, aimer, pleurer, avoir peur ?

Le premier parcours est sans faute. Le deuxième est parsemé d'embûches. Choisis. À la fin de la journée, lequel t'aura procuré le plus de plaisir ? Lequel t'aura permis de faire le plus grand nombre de découvertes ? Risquer, c'est risquer de se tromper, bien sûr, mais c'est aussi courir la chance de vivre et d'accomplir de belles et grandes choses !

Donc, combien de temps dois-tu réfléchir aux erreurs ou aux refus possibles avant de faire un pas ?

Zéro minute ! C'est du temps gaspillé ! Et qui sait si une erreur ne mènera pas vers une nouvelle voie que tu n'avais pas imaginée ? Tu n'en sais rien ! **ALORS, CESSE DE RÉFLÉCHIR ET DEMANDE !**

LES LUNETTES ROSES

As-tu déjà entendu l'expression *voir la vie à travers des lunettes roses* ? Cela veut dire qu'on prend la vie du bon côté, qu'on est positif. Les lunettes servent à expliquer notre façon de percevoir la réalité. Chacun d'entre nous voit la vie à travers ses propres lunettes, qu'elles soient roses, fumées ou sales.

C'est à travers ces lunettes que le film de ta vie passe devant tes yeux. Ensuite, tu traduis ce que tu vois et tu décides ce que tu en feras. Si tes lunettes sont **SALES**, il te manquera sûrement des bouts de l'histoire. Si elles sont fumées, ton histoire sera sombre.

Essaie de changer tes lunettes. Ta réalité changera probablement elle aussi. Trouve la « paire de lunettes » qui te plaît le plus, porte-la sans craindre les moqueries et fonce. De nouvelles possibilités s'offriront à toi, seulement parce que tu auras osé changer ta façon de voir la réalité et ta manière de vivre ta vie... Et là, je t'entends t'inquiéter de ce que les membres de ta gang vont penser si tu n'agis plus comme eux. Veux-tu vraiment ma réponse ?

LA VIE, UN JEU VIDÉO ?

Grâce à la technologie, il est maintenant possible de vivre une autre réalité. Avec l'aide de capteurs spéciaux, un écran géant ou simplement un casque perfectionné, tu peux te transporter dans un monde où tu vivras une mission virtuelle comme si elle était réelle. C'est fou, je te le dis ! Tu peux ressentir des vibrations et même de petits chocs électriques lorsqu'un monstre t'attaque... C'est complètement fou ! Tu adores ce genre de jeu interactif, n'est-ce pas ?

Maintenant, imagine-toi que ta vie est, elle aussi, une réalité virtuelle. Et si ton corps faisait partie d'un immense scénario qui te permettait de te plonger dans de nouvelles expériences...

Bonne nouvelle :

en choisissant des scénarios différents, tu pourras vivre tout ce que tu veux ! En plus, tu possèdes déjà ton costume sophistiqué ! LE TIEN : celui d'un être humain !

TÊTE, ÉPAULES, GENOUX, ORTEILS

Pendant que tu lis ces lignes, plus de cinq trillions de réactions chimiques se produisent dans ton corps. À chaque seconde ! Contrôles-tu quelque chose ? NON ! Même si tu n'es conscient de rien, tout se passe à merveille et tu peux rêver en paix à la jolie Roxanne ou au beau Thomas de ta classe sans craindre de te décomposer. Tu sais que ton corps continue de fonctionner même si tu n'y penses pas sans arrêt. Voilà tout un costume d'humain pour une vie parfaite de demandes et de cadeaux. Aussi pertinent qu'un maillot de bain sur une plage de sable. Il suffit de s'en servir pour goûter les vacances ! N'oublie surtout pas tes lunettes préférées !

JE **SAIS** CE QUE TU PENSES...

Si tu as une de ces trois personnes dans ta tête, je te prie de lui montrer gentiment la porte de sortie de tes pensées et de lui interdire de revenir pour toujours. Si tu réussis, tu es prêt à continuer. Si tu ne réussis pas, parle-lui un peu plus fort et reviens ensuite !

LES ÉTATS D'ESPRIT

Si je traduis cette phrase que tu dis probablement trop souvent, je comprends que tu ne sais pas comment t'y prendre pour faire de belles demandes qui s'exauceront. Ne t'inquiète pas, je ne te laisserai pas tomber. D'ailleurs, remarque les pages qu'il te reste à lire avant la fin, tu peux t'attendre à avoir quelques explications pertinentes. Je n'ai pas l'habitude d'écrire pour rien.

D'abord, pour formuler de bonnes demandes, il faut la bonne attitude et surmonter les obstacles. Voici donc quelques trucs qui te transformeront en champion des demandes.

TRUC Nº 1 ONE, TWO, TESTING ?

Tu veux que ta vie soit palpitante, marquée par l'aventure et la réussite, eh bien, tu vas faire des tests. Oui, oui, des tests ! Ce sera très amusant, ne t'inquiète pas. Toutes tes croyances, tes idées et tes règles seront mises à contribution. C'est le moment d'utiliser l'approche scientifique ! Tes parents vont probablement me détester, mais ton prof de sciences sera fier de toi !

1- Teste l'impact d'une semaine sans écran.

2- Teste si les autres riront de toi si tu fais ce dont tu as envie.

3- Teste ce qui se passe si tu ne juges personne pendant quelques jours.

Dès que quelqu'un t'affirme quelque chose, teste-le. **VÉRIFIE PAR TOI-MÊME ! NE JUGE PAS, N'ANALYSE PAS, ESSAIE !**

WOA MINUTE !

Une minute, c'est long ou c'est court ? Ça dépend... Une minute, c'est long si la toilette est occupée et une minute, c'est court pour finir ton examen à temps alors que tu dois encore répondre à cinq questions à développement !

La seule façon de connaître quelque chose, c'est de le faire, de l'expérimenter soi-même. Si je te dis : « *Mmmm, ce gâteau au chocolat est délicieux !* », tu ne pourras me croire vraiment qu'en y goûtant !

Tu connais la loi de l'action-réaction ? Je te donne un exemple. Il est démontré scientifiquement que plus l'eau sort d'un tuyau, plus elle aspire de l'eau à l'embouchure du même tuyau : c'est le principe du siphon. Il en va de même pour les idées : plus tu as d'idées qui fourmillent dans ta tête, plus de bonnes idées vont en émerger. C'est pour ça qu'il est important de penser !

LE TEST DE L'INDEX QUI TOURNE

Tu passes ton temps à entendre des gens dire qu'ils sont d'accord ou non avec quelque chose. Tu le dis souvent toi aussi. Je vais te prouver, par l'exercice suivant, que notre opinion a peu de valeur.

ESSAIE CECI :

Lève ton bras droit au-dessus de ta tête et pointe ton index vers le ciel.

Maintenant, trace avec l'index des cercles dans le sens horaire.

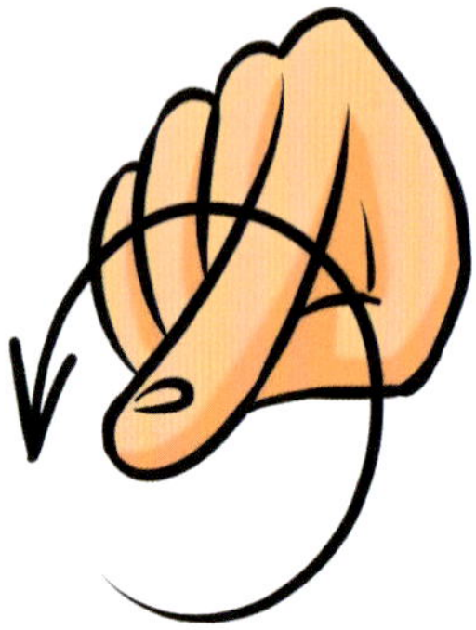

Ce qu'il faut comprendre, c'est que l'opinion de chacun est souvent basée sur un seul point de vue. Alors qu'il y en a DES TONNES ! Refais cet exercice avec une personne qui t'observe placée à 10 mètres de toi. Elle ne verra aucune rotation, seulement un mouvement de va-et-vient entre la gauche et la droite.

CONCLUSION : ARRÊTE D'ARGUMENTER ET ESSAIE.

Tu éviteras de perdre ton temps à débattre pour des opinions qui ne valent rien, de toute façon...

Finis les débats, finies les engueulades, finies les opinions. Seulement des partages de points de vue.

Enfonce ça dans ton coco : TOUT LE MONDE A TOUJOURS RAISON. Même ton père, même ta mère et même l'élève de l'école qui te tape le plus sur les nerfs...

TU TROUVES QUE LA VIE EST DIFFICILE ?
TU AS RAISON !

TU TROUVES QUE LA VIE EST FACILE ?
TU AS RAISON !

TU TROUVES CE LIVRE RIDICULE ?
TU AS ENCORE RAISON !

Apprends à dire : « *Tu as raison.* » Pour t'exercer, va le dire tout de suite à tes parents. Ne te surprends pas s'ils prennent ta température ! Ensuite, donne raison à tes amis, tes profs, ton frère et ta sœur. Seulement pour voir leur air surpris, ça vaut la peine.

Que ton avis soit différent du leur, ça ne change rien. C'est à toi de décider si ton opinion te rend heureux et te permet d'avancer. Si ton avis te bloque devant une décision, ou te rend triste : hop, à la poubelle ! Change d'idée comme tu changes de chemise ! Si les gens te le reprochent, évite le débat en les faisant répéter la phrase suivante :

Les chemises de l'archiduchesse
sont-elles sèches ou archi-sèches ?

Le temps qu'ils démêlent leur langue, ils auront oublié de quoi ils parlaient et te laisseront tranquille !

TOUT ET SON CONTRAIRE

Notre vie sur Terre est faite de contradictions. Tu perçois la chaleur parce que le froid existe. Tu connais la lumière, car il y a l'ombre. Imagine que l'ombre n'existe pas. Tu vivrais dans un monde lumineux sans savoir qu'il l'est.

Tu ne perçois que ce que tu peux comparer. Le reste, tu ne peux pas le définir.

Accorde-toi une petite pause pour comprendre tout ça.

[...]

Ça va mieux ?

Il ne faut pas s'inquiéter de ne pas avoir la même opinion que tout le monde. C'est ce qui rend les relations riches et intéressantes. C'est ce qui fait aller de l'avant !

LE BIEN ET LE MAL

Garçon-fille, gauche-droite, chaud-froid, Canadiens-Bruins. Des paires d'opposés.

Toi, le p'tit vite, je t'entends :

« Oui, mais pour connaître le bien, il faut connaître le mal ? C'est idiot ! »

Tu as raison ! Le bien et le mal vont ensemble, bras dessus, bras dessous. Oublie donc tout de suite ton rêve de toujours te sentir bien, de n'être jamais malheureux. Parfois, il faut passer par là... pour aller ailleurs. Des fois, tu n'as pas le choix. D'autres fois, tu l'as.

Au paradis terrestre, il y a de magnifiques roses. Elles possèdent des pétales colorés (le bien) et des épines acérées (le mal). À toi de décider sur quelle partie de la rose tu t'attardes. Tu sens son parfum ou tu t'égratignes les doigts sur sa tige ?

« Regarde la télé, tu vas voir qu'il y a des gens qui vivent DANS les épines... »

Je sais. Par contre, en te tourmentant pour eux, tu ne changes rien et tu gaspilles ton énergie. Si tu as envie de changer les choses, agis ! Tu pourras alors avoir du plaisir en te sentant utile. L'objectif présent est de te permettre de maximiser ton plaisir de vivre et de diminuer les moments de malheur-douleur. Par contre, sache que tu ne pourras pas éliminer complètement la douleur. Tu rêves d'avoir un chien ? Tu devras ramasser son CACA... Plaisir-douleur, c'est ça la vie sur Terre.

PFUiiiiiiiiiiT !

Je viens d'entendre le bruit de ta balloune qui se dégonfle... Oups, ça arrive parfois !

Rassure-toi, il n'y a pas de limite au degré de plaisir que tu peux avoir ! Regonfle ta balloune en te disant que le plaisir de vivre est TA raison d'être sur Terre et qu'il te mènera vers le BONHEUR ! Tu es jeune, c'est le temps de bien te programmer à penser toujours comme ça !

TRUC N° 2 UN BON PIF

Selon toi, les gens qui réussissent sont-ils davantage rationnels (ils réfléchissent longtemps avant d'agir) ou intuitifs (ils écoutent leur petite voix intérieure et ils foncent) ?

Intuitifs ? **BRAVO !** Tu marques un point !

Puisque tu sais cela, combien de temps, par semaine, consacres-tu à écouter ta petite voix intérieure ? Je sais, avec l'école, les devoirs et les activités parascolaires, il ne te reste presque plus de temps, alors... Avoue ! ZÉRO MINUTE !

Dès maintenant, tu dois t'obliger à prendre des moments pour exploiter ton intuition. Cela peut prendre différentes formes :

★ Écrire tes émotions et tes questionnements dans un journal intime ;

★ Dessiner et faire des collages dans un carnet en visualisant tes rêves et tes projets ;

★ Danser, jouer de la musique, sculpter, peindre...

Tu remarques que je te propose des activités artistiques. L'art permet de te brancher directement sur toi. Ainsi, tu comprendras mieux ce qui t'anime, tu trouveras des forces cachées en toi pour réaliser des choses que tu croyais impossibles ! Tu trouveras même des réponses avant de les avoir cherchées !

Plus tu t'exerces à écouter ce qui se passe en toi, sans filtre ni jugement, plus tu comprendras vite les messages de la vie ! Tu ne sais pas comment faire pour t'écouter ? C'est certain que ça demande une certaine connaissance de soi, mais parfois, l'intuition, c'est simplement les petits papillons que nous ressentons à l'intérieur de nous et qui nous poussent à poser un geste plutôt qu'un autre. Avec un peu de patience et de pratique, tu vas y arriver. Si tu trouves cela difficile, pense à l'histoire de Walt Disney. Pas l'histoire de Cendrillon, non ! L'histoire de l'homme. Savais-tu que, lorsqu'il a dessiné Mickey Mouse pour la première fois et qu'il a RÊVÉ à l'univers merveilleux que nous connaissons aujourd'hui, les gens le jugeaient et tentaient de le décourager ! Il a tout de même laissé libre cours à sa créativité, sans se soucier de l'opinion des autres ni des refus de ses banquiers. À ton avis, a-t-il bien fait de suivre son intuition et de poursuivre son rêve ?

TRUC Nº 3 GARDER L'ÂGE MENTAL D'UN ENFANT DE QUATRE ANS

Tu es à un moment important de ta vie. La frontière où tu passes d'enfant à adolescent. Quelle chance ! C'est VRAI, c'est génial ! Si je peux me permettre un petit conseil : ne laisse pas tout de l'enfance derrière toi. Essaie de garder la spontanéité et la joie du moment présent d'un enfant. C'est primordial !

Personne ne peut rester insensible aux charmes d'un bébé. Malgré le fait qu'il bave partout et qu'il sente le caca, on a tout de même envie de le prendre dans nos bras ou de lui chatouiller le bedon. En présence de bébés, on se sent bien ! Pourquoi ? Parce qu'ils dégagent (des odeurs !) une curiosité et une soif de vivre qui nous contaminent. Les bébés et les jeunes enfants vivent dans le moment présent, sans regretter le passé ni s'inquiéter du futur.

Malheureusement, en grandissant, on perd peu à peu cette faculté. Pour les adultes, c'est plus difficile de retrouver cet état. C'est pourquoi je te suggère d'en faire des provisions pendant qu'il en est encore temps. Oui, un jour, tu auras un agenda rempli, des événements stressants à gérer et toutes sortes de contraintes désagréables d'adulte. Pourtant, si tu es capable de te souvenir de l'enfant que tu étais, disons, à quatre ans, tu réussiras à garder les pieds dans le moment présent, sans te laisser happer par TOUTES ces contraintes qui sont, je te l'avoue, parfois bien inutiles ! Il sera plus facile de déterminer ce qui en vaut la peine et ce que tu désires réellement si tu communiques régulièrement avec l'enfant en toi. Ne le quitte pas et tiens-lui bien la main !

Fais-en aussi profiter tes parents ! Permets-leur de retrouver l'enfant qui est en eux en les questionnant ou en leur proposant de nouvelles façons de faire. En soupant, au lieu d'écouter la télévision ou de manger chacun de votre côté, invite tes parents à jaser de ce qu'ils rêvaient de faire lorsqu'ils étaient petits. Tu découvriras peut-être leurs champs d'intérêt cachés ou des rêves communs avec les tiens ! De leur côté, cela leur donnera peut-être envie de suivre les leçons de piano qu'ils remettent toujours à plus tard depuis trop d'années ou de prendre conscience de ce qu'ils ont oublié. Ce sera certainement un beau moment de partage familial !

La recette secrète pour garder l'enfant en toi, c'est de jouer ! N'est-ce pas ce que font tous les enfants ? Retrouve tes Lego et construis ce qui te fait envie. Aiguise tes crayons de couleur et dessine sans

juger ton talent. Invente des scénarios. Joue à ce que tu rêves de faire. Tu veux devenir astronaute ? Dessine ta fusée, tes découvertes dans l'espace, entraîne ton corps pour le rendre apte à gérer le manque de gravité ! **VIS LA VIE DE TES RÊVES** en jouant et, surtout, n'oublie pas de chanter ! Ta conscience comprendra l'importance de ces objectifs et s'organisera pour que tout se réalise facilement, sans que tu aies à te casser la tête ! Même chose si tu projettes de faire le tour du monde, d'apprendre une autre langue ou de réaliser un exploit sportif. Invente-toi en jouant, tu deviendras tout ce que tu voudras ! Je t'entends penser :

« Qu'est-ce que les autres vont dire de moi si je sors mes Lego ou mes crayons de couleur ? »

N'oublie pas ce que je t'ai dit plus tôt :

L'OPINION DES AUTRES NE COMPTE PAS !

C'est **TOI** le *boss* et tu fais ce que tu as envie de faire. Point final. Je vais te confier un secret : nous les adultes, nous rêvons de retomber en enfance ne serait-ce qu'un instant pour ne pas avoir tout le souci du quotidien. Alors, tu n'as rien à perdre à faire le test.

TRUC Nº 4 UN MENTAL EN BÉTON

Maintenant, tu es un pro des tests, de l'intuition, tu as quatre ans d'âge mental. Voici donc ton dernier défi : avoir un mental en béton !

Des scientifiques ont interrogé des personnes sur leur lit de mort. La question était simple : « Mourez-vous heureux ? »

La réponse, pour 99,1 % des gens : « NON ! »

En connaissant cette statistique déprimante, as-tu encore envie de faire comme tout le monde ? Eh bien, j'espère que non ! Clairement, leur recette ne fonctionne pas. Sauf que, si tu changes les ingrédients, plusieurs personnes te regarderont en plissant le front (comme quand tu trouves des épinards dans ton assiette) ou en te disant comment agir autrement (à leur façon ; oui, oui, tu sais, celle qui ne fonctionne pas !).

Pour d'autres personnes, tu deviendras un véritable modèle d'inspiration ! Et tu sais, ce n'est pas nécessairement mieux !

Pour avancer selon la façon que TU as choisie, tu ne dois plus prêter l'oreille à ce que les autres disent. Si tu fais des choses pour avoir des compliments, ce n'est pas une bonne raison. Si tu te laisses décourager par la critique, c'est encore pire. Fais les choses POUR TOI !

Imagine une bulle protectrice, une armure ou une autre protection de ton choix où tous les commentaires et regards des autres rebondiront. BOING! Disparus dans le firmament! Tu dois être indifférent, du genre: « *J'm'en fous pas mal de ce que vous pensez! Yé!* »

Tes amis fument, mais toi, ça ne t'intéresse pas d'essayer. Alors, c'est simple, tu ne fumes pas. Tu ne seras pas un *looser* pour autant. Si tes amis pensent ça, eh bien, ce ne sont pas de vrais amis et il est temps pour toi de changer de gang!

Tes parents souhaiteraient vraiment que tu ailles dans un camp de vacances. Toi, les camps d'été, ça ne te plaît pas. Parles-en avec eux et trouve une solution qui fera en sorte que tout le monde sorte gagnant de cette discussion.

⚠ AVERTISSEMENT

Se ficher de l'opinion des autres **ne veut pas dire** se ficher DES autres, les mépriser ou les piétiner. Ça ne veut pas dire de ne plus se préoccuper du bien-être des autres. Cela veut tout simplement dire: ne te préoccupe pas de leur opinion sur TA façon de vivre!

PETIT TEST

« Facile tout ça, moi, j'm'en fous déjà ! »

Ah oui ? Fais ce petit test. Si tu le réussis sans palpitation ni sueur froide, je te croirai !

TEST DE L'AUTOBUS

Bon, **ENCORE** un test ! Oui, et il est vraiment drôle ! Tu prends l'autobus chaque matin pour te rendre à l'école, et chaque matin, tu t'assieds dans les rangées de sièges assignées (de façon officieuse) à ton niveau scolaire. Eh bien, un beau matin, change de rangée (va plutôt au fond si tu es plus jeune ou en avant si tu es dans les plus vieux !) et observe en souriant la réaction des gens qui sont déjà assis ou qui entrent dans le bus ! Certains te diront que tu t'es trompé de rangée, mais la plupart se tairont. Fais le test ! **COURAGE !** Tu ne risques pas grand-chose, sinon de te faire rediriger dans ta rangée !

Si ce petit test est difficile, exerce-toi pour devenir plus à l'aise lors des moments plus importants comme lorsque ta voisine te dira que le vêtement que tu as cousu toi-même ressemble à une poche de patate ou lorsque tes amis riront de toi parce que tu as décidé de passer du temps avec l'élève rejet de la classe.

Vu de cette façon, le test de l'autobus, c'est **TROP** facile !

PLAN DE MATCH

Tel un champion sportif, tu dois t'entraîner à utiliser ces trucs à tout moment. Voici une suggestion d'horaire d'entraînement :

PREMIÈRE SEMAINE : Teste toutes tes croyances, et pourquoi pas celles des gens qui t'entourent !

DEUXIÈME SEMAINE : Exploite ton intuition.

TROISIÈME SEMAINE : Plonge-toi dans le moment présent en vivant comme tu le faisais à quatre ans !

QUATRIÈME SEMAINE : Forge-toi un mental à toute épreuve ! Deviens insensible aux critiques et aux compliments !

Si les gens autour de toi disent que tu as changé, tu es sur la bonne voie !

Maintenant, fais attention ! Nous nous attaquerons aux ennemis du succès. Tel un superhéros en collant hypermoulant (AH AH AH), tu dois bien connaître tes ennemis. Et gare à toi, ceux-ci sont puissants ! Armé de ton papier et de ton crayon, c'est le moment de te réfugier dans ta chambre. Tu auras besoin de toute ton attention !

LES ENNEMIS DU SUCCÈS

Tes ennemis se cachent partout autour de toi. Ils sont même souvent très près de toi. Les voici, en commençant par le pire.

TOI !

POUVOIR : Croyances destructrices qui empêchent d'avancer.

ANTIDOTE : Lire et mettre en application les conseils de ce livre !

TES PARENTS

POUVOIR : Toujours trop s'inquiéter.

ANTIDOTE : Les convaincre avec de bons arguments et une attitude positive.

TES AMIS

POUVOIR : Décourager, taquiner et même intimider.

ANTIDOTE : Renforcer ton mental et garder top secret tes projets.

L'ÉCOLE ET LA SOCIÉTÉ

POUVOIR : Forcer à rester dans le moule, à être comme les autres.

ANTIDOTE : Travailler à changer les choses en proposant des projets originaux et en t'alliant au prof le plus cool de l'école !

Peu importe l'ennemi, ne te laisse pas impressionner. Sois le chien de garde de tes pensées !

ENNEMI Nº 1 : LA PEUR

Seulement à y penser, on a déjà peur. Fais un test (oui, c'est le moment !). Va voir ton meilleur ami et dis-lui : « T'as peur ? » Même s'il n'y a **ABSOLUMENT** rien de menaçant, il te répondra de façon bête et agressive : « Ben non ! » Le mot « peur » est lui-même menaçant !

D'OÙ VIENT LA PEUR ? QU'EST-CE QUI LA PROVOQUE ?

Lorsque tu es couché dans le noir de ta chambre et que tu te mets à imaginer une silhouette noire avec un masque blanc t'observer de la fenêtre, comment te sens-tu ? Crispé, inquiet, en sueur, incapable de réfléchir et de te convaincre que, logiquement, il est impossible que la vedette du film d'horreur que tu viens d'écouter soit déjà rendue chez toi ! Ta peur bloque tout ! Même si tu sais que c'est impossible, le seul fait que tu aies imaginé que ce soit vrai t'a rendu anxieux ! **C'EST LE POUVOIR DE LA PENSÉE.**

Or, **TOUT** bouge autour de toi. (Attends ! Je ne dis pas ça pour te faire faire des cauchemars !) Il n'y a rien de statique. Même les particules qui constituent ce livre oscillent. Elles bougent si vite que tu as l'impression que ton livre est fixe !

MAIS IL BOUGE !

Si la peur bloque le mouvement et que, normalement, tout doit bouger, il est important d'éviter le plus possible ce type de réaction !

Mais de quoi as-tu peur ?

LE CONNU ET L'INCONNU

« Je suis jeune, hein ! Je ne connais rien de la vie ! »

Justement, fais de ta vie ce que tu veux qu'elle soit ! Tu es chanceux, tu n'as pas de maison à payer, d'enfants à élever, tu peux passer tes journées de congé à tout mettre en œuvre pour créer la vie que tu désires. Même tes repas arrivent devant toi sans que tu lèves le petit doigt ! (Oui, je sais, tu as un peu aidé à les préparer et tu débarrasseras la table, mais tu n'as ni réfléchi au menu, ni fait les emplettes, ni payé l'épicerie, ni... tu en veux d'autres ? Demande à tes parents, ils t'en diront tout plein !)

C'est le moment parfait pour affronter tes peurs, car, lorsque tu seras plus vieux, tu verras bien que tes peurs d'enfants étaient de petites peurs... Désolé. Tu as de petites peurs ! C'est le moment de les abattre, avant qu'elles ne deviennent plus grandes !

Vis tout de suite le moment présent ! Demande à tes parents de t'inscrire à ce fameux cours, propose à ton enseignante le projet qui te trotte dans la tête depuis longtemps... Que peut-il t'arriver de si grave ? Qu'ils te disent non ? Avoir un NON comme réponse, ce n'est rien. Ne pas avoir de réponse, car tu n'as pas osé demander, eh bien, ça c'est moche ! Tu n'as rien à perdre et tu pourrais bien être surpris ! La réponse à ta demande ne viendra peut-être pas des personnes à qui tu pensais... *Go !*

QUAND ES-TU PARFAITEMENT BIEN ?

Un autre petit test. Écris sur ta feuille un moment où tu te sens vraiment bien. Décris-le avec précision.

Quand je construis mon avion à coller.

Quand je répète ma chorégraphie de danse.

Sais-tu POURQUOI tu te sens bien à ce moment ? Parce que tu es concentré sur le présent. Tu le connais, ce temps de verbe ? C'est le premier que tu apprends ! Ce n'est peut-être pas pour rien : IL EST IMPORTANT ! Tu n'es pas en train d'attendre la cloche de la récré ni de rêver à la fin de semaine. Tu es ici, présent !

Se perdre dans le moment présent, c'est éliminer la peur.

Va te promener sur le Net et tape « sport extrême ». Tu trouveras une tonne de vidéos de gens téméraires. Pourquoi certaines personnes se jettent-elles du haut des gratte-ciel ou plongent-elles avec les requins ? Pour vivre pleinement le présent ! À ce moment, elles ne pensent pas à ce qu'elles porteront le lendemain pour épater la galerie !

« Oui, mais (oups...), par contre (j'ai du vocabulaire, moi !), il faut penser au futur pour faire des projets ! »

Oui, dès que tu choisis un projet, vis-le tout de suite. Il semblera se réaliser dans le futur, mais il commencera vraiment à se réaliser maintenant ! Si tu lui donnes vie dans tes pensées, l'univers se chargera de le réaliser. C'est obligé, c'est une loi ! N'essaie pas de comprendre pourquoi, utilise-la, c'est tout !

Il n'y a pas de différence réelle entre une pensée (qui est une onde d'énergie) et la matière.

« Alors, pourquoi mon hamburger n'apparaît pas devant moi ? J'en rêve tellement j'ai faim ! »

Probablement parce que ta mère n'est pas là ! (Je blague !)

VRAIE RÉPONSE : Manque d'énergie. Sais-tu la quantité d'énergie qu'il faut pour matérialiser quelque chose ? Dans un simple bout de craie (ah non, tu ne connais pas ça, tu utilises maintenant un écran dans ta classe !), dans un simple crayon (ah non, c'est vrai, tu ne connais pas ça, tu préfères les claviers...), donc, dans une simple boulette de hamburger (ça va ?), il y a suffisamment d'énergie pour alimenter la ville de New York en électricité une année entière !

Donc, pour que ta pensée se matérialise rapidement, il faut qu'elle soit en permanence dans ton esprit et que tu sois rempli d'énergie. Chaque doute, chaque inquiétude, chaque sentiment de peur siphonne complètement tes pensées de l'énergie qui leur permettrait de se réaliser.

L'ARGENT, TOUJOURS L'ARGENT

« OK ! J'ai compris ! Mon projet, c'est d'aller à Walt Disney ! Ah ! Ah ! Tu vois, ça ne marche pas, ton affaire. Mes parents n'ont pas assez d'argent, et moi, j'ai 22,37 $ dans mon cochon ! » Ton projet doit commencer à mûrir dans tes pensées. Quoi faire pour accéder à ton projet ?

Établis un plan et propose-le à tes parents. C'est vrai qu'aller à Walt Disney, ça coûte la peau des fesses, mais si tu établis un plan, une stratégie, ton projet deviendra réalité. Comment ? Planifie la façon dont tu peux gagner de l'argent et l'épargner : faire du gardiennage, tondre des pelouses, rendre des services dans le voisinage, diminuer les sorties avec les amis, ne pas dépasser le débit Internet alloué par mois, etc. Je n'ai pas dit qu'il suffisait de penser pour que tes projets se réalisent, il faut poser les gestes en collaboration avec tes pensées.

ENNEMI Nº 2 : LA SÉCURITÉ

Tu hésites à prendre une décision ou à poser un geste par peur de te tromper… N'ai-je pas raison ?

JE TE PROPOSE ENCORE UN PETIT TEST RAPIDE.

Nomme-moi TROIS situations que tu as vécues sans y avoir réfléchi au préalable. Est-ce que tu les regrettes ? Je suis certain que NON ! Car tu les as vécues spontanément ! Tu n'as pas eu besoin d'être rassuré pour aller de l'avant. Ton intuition t'a guidé et tu as foncé ! Les gens d'affaires et les professionnels qui réussissent ont comme mentalité de foncer dans le tas au lieu de protéger ce qu'ils ont. C'est un peu ce que tu as fait et cela t'a permis de vivre ces merveilleux moments.

ENNEMI Nº 3 : LA SURPROTECTION

C'est CERTAIN que tes parents t'aiment et qu'ils souhaitent que SEULEMENT le meilleur t'arrive. Ils aimeraient aussi t'épargner ce par quoi ils sont passés et qui a été moins bon et heureux pour eux. Tous les parents font ça avec leurs enfants. Ils veulent protéger leur progéniture des malheurs de la vie... Une chose est certaine, ton projet va les mettre dans une situation d'insécurité, alors à toi de jouer ! Tu dois leur présenter calmement et clairement ton ou tes plans afin de les rassurer que tu ne risques rien de bien grave dans leur réalisation et que leur appui va t'aider dans ta réussite.

ENNEMI Nº 4 : LES OPINIONS

Dans la vie, tous les points de vue sont permis. Au fond, avoir une opinion, c'est chercher à imposer son point de vue aux autres.

Quand tu n'es pas certain de ton opinion, tu cherches l'appui des autres en argumentant et en te défendant. Cela crée des différends, des chicanes. Chaque chicane gaspille ton énergie. Une chicane veut aussi dire que tu n'es pas convaincu de ce en quoi tu crois. À méditer...

ENNEMI Nº 5 : LA ROUTINE

Tous les jours, c'est pareil. Tellement pareil que les semaines passent et tu ne te demandes même pas si c'est le genre de vie que tu désires. Bien sûr, tu n'as pas le contrôle sur TOUT ton horaire et je me doute bien que l'école est un élément qui ne peut être supprimé même si tu le souhaites très fort. Tes activités parascolaires, les apprécies-tu encore ? Pourquoi y participes-tu ? Tes jeux vidéo ? Crois-tu qu'ils remplissent bien tes temps libres ? Tu ne le sais même plus, car tu ne te poses jamais LA QUESTION ! Ça ne manque pas d'un peu de piquant, tout ça ?

Tu as besoin de défis. Tu en réalises un, trouves-en un autre ! La vie plate, c'est pour les autres ! Si ton moment de pur bonheur est devant ton ordinateur, à tuer des bandits ou des monstres, demande-toi s'il n'y a pas autre chose à faire.

« Moi, j'aime ça jouer à l'ordi. »

Les jeux vidéo pendant quelques heures, une fois de temps en temps, avec ton père ou les copains, je veux bien. Mais tous les jours, seul face à l'écran, ça ne devient pas redondant ? Dans 10 ans, imagine toutes ces minutes que tu aurais pu utiliser pour apprendre un instrument, pratiquer un sport, élaborer un projet ! Tu veux une preuve ? Allez, on fait des maths !

Pour être assez modeste, nous allons prétendre que tu passes environ 4 heures par semaine devant un écran (même pas une heure de télé par jour !).

Donc 4 heures X 52 semaines (un an!) x 10 ans = 2080 heures! Je t'en supplie, demande à la vie de te donner des idées pour accomplir autre chose durant ces heures précieuses.

Si tu peux faire tout ce que tu veux, tu choisis vraiment ta console ?

Je te souhaite qu'elle brise.

— *Ben là, tu me souhaites un malheur !*

Euh... OUI !

UN PROBLÈME ? HOURRA !

As-tu déjà essayé d'escalader un mur lisse? Non? Vas-y, essaie !

Oui, oui, prends tout ton temps.

Ça ne fonctionne pas ? Évidemment ! Pour réussir à monter, il faut des prises. Ces prises sont les bosses qui font partie du mur, des creux, des pics. Les imperfections du mur sont les problèmes. Ce sont ces fameux problèmes qui te permettront de grimper, de te porter plus loin, d'avancer !

Dès qu'il y a un problème, il y a une solution. Il suffit de la demander. Il arrive que la solution ne soit pas celle que tu attendais. Dis-toi bien que tu comprendras tôt ou tard à quoi sa venue pouvait bien te servir. Tu verras que ce fameux problème t'a mené vers une destination que tu n'avais pas prévue et t'a rendu très fier lorsque tu l'as surmonté. De plus, tu es maintenant sur un nouveau chemin à découvrir, rempli de défis stimulants qui te permettront de mordre dans la vie, si tu daignes au moins en prendre une bouchée !

Pendant que ta console vidéo est éteinte (ou brisée, gnahaha !), tu vas en profiter pour faire un peu d'exercice et te lever.

Maintenant que tu es debout (je te vois, tu es encore assis, allez !), lève aussi ton poing dans les airs et dis TRÈS FORT :

YES ! J'SUIS DANS LA CHNOUTE !

Ton meilleur ami sort avec la fille dont tu rêves la nuit ?

YES ! J'SUIS DANS LA CHNOUTE !

Tu as renversé la bouteille de ketchup sur ton affiche de présentation orale ?

YES ! J'SUIS DANS LA CHNOUTE !

Ton fond de pantalon s'est déchiré devant tous tes amis ?

YES ! J'SUIS DANS LA CHNOUTE !

Ça fait du bien, non ? Tu verras, ça fonctionne vraiment !

Par chance, tu avais pris au sérieux mon conseil de te cacher dans ta chambre ! Sinon, toute la maisonnée est présentement devant toi, la bouche ouverte avec des yeux de poisson frit. La prochaine fois, écoute-moi...

LES ALLIÉS DU SUCCÈS

Maintenant que nous avons fait le tour de tous les « méchants », tu dois bien te douter que tu auras aussi des alliés sur ton chemin vers le succès ! Avec tes quatre états d'esprit (tester, l'intuition, quatre ans d'âge mental et ton mental en béton) dans ton sac à dos, tu es maintenant prêt à rencontrer tes complices de la recherche du succès.

ALLIÉ N° 1 : LA CURIOSITÉ

Les enfants en bas âge traversent diverses phases de développement. Il y a, entre autres, deux phases assez connues : la phase du « non » et la phase du « pourquoi ». Tu te doutes bien que la phase du non est à l'opposé de ce que je tente de te faire comprendre depuis le début de ce livre. Par contre, je vais t'inviter à revenir à la phase du pourquoi.

Pourquoi ? **BRAVO**, tu es déjà bien parti !

Parce que le fait de poser des questions prouve que tu es curieux, que tu testes, que tu as de l'intérêt. Je te lance le défi de prononcer le mot « pourquoi » au moins dix fois par jour, puis de fouiller pour trouver des réponses. Les pourquoi à des questions dont tu connais déjà la réponse ne comptent pas, il va sans dire ! Si les réponses que tu trouves ne te satisfont pas, cherche encore.

Une fois tes réponses trouvées, profites-en pour tester ce que tu viens d'apprendre. Tu te rappelles ? J'entends, j'oublie ; je vois, je m'en souviens ; je fais, je comprends. Tiens, par exemple, bande les yeux à quelqu'un, prépare une cuillérée de miel et, avant de la lui mettre en bouche, essaie de lui décrire le goût du miel pour qu'il trouve ce que c'est avant d'y goûter. Tu verras, ce n'est pas facile. Ton partenaire de jeu comprendra mieux ce que tu lui dis quand il fera sa propre expérience de dégustation. C'est ça « je fais, je comprends ».

TIENS, UN AUTRE PETIT TEST : Es-tu allé voir qui étaient Aristote et Galilée, les scientifiques dont je te parlais au début du livre ? Non ? Eh bien, **VOILÀ,** tu n'es pas assez curieux !

LES POISSONS, CHAMPIONS DE NAGE SYNCHRONISÉE

As-tu déjà observé les déplacements des bancs de poissons ? As-tu remarqué ce qui est étrange dans leurs allées et venues ? Oui ! Je le savais !
Ils bougent TOUS en même temps ! Mais comment font-ils ?

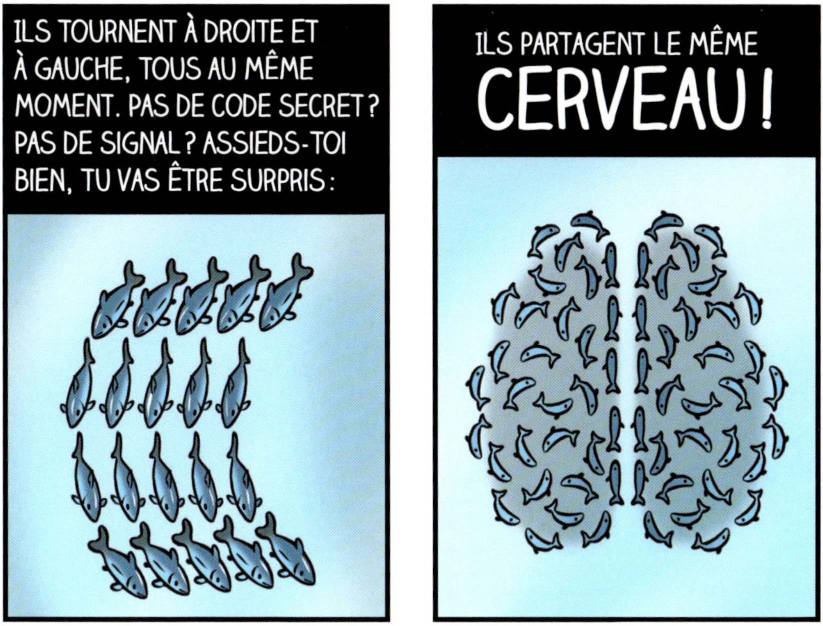

Le scientifique Rupert Sheldrake s'est intéressé aux pouvoirs inexpliqués des animaux. Il a notamment découvert que tous les membres d'une espèce animale sont reliés par une même fréquence et qu'ils communiquent inconsciemment entre eux. Même les humains !

Pour bien comprendre, imagine que nous sommes tous branchés sur un gros cerveau collectif. Nous pouvons tous profiter des connaissances des autres, de leurs réflexions, etc. C'est d'ailleurs ce qui expliquerait pourquoi tu comprends mieux comment fonctionne la télévision que ta mère. Tu as accès à ces connaissances grâce au cerveau collectif, c'est inscrit en toi depuis que tu es né, alors que ta mère doit l'apprendre, puisque ça n'existait pas à sa naissance.

C'est aussi grâce à cette théorie qu'on peut expliquer pourquoi deux inventions qui se ressemblent beaucoup voient le jour à des endroits complètement opposés sur la planète.

C'est fou, non ? Imagine tout ce que tu pourrais apprendre, faire et comprendre si tu pouvais te brancher sur ce cerveau ! J'ai un petit truc pour toi : en plus d'exercer ton intuition (qui est constituée de messages que tu captes de quelque part !), commence à méditer !

— *Voyons ! Méditer, c'est pour les bizarres, ça !*

— Ben voilà, tu pourras tester tes croyances en l'essayant ! Tu ne te cherchais pas justement un test à faire ?

Ce n'est pas compliqué ! Tu t'assieds ou tu te couches, tu te concentres sur ta respiration et tu essaies de vider ton esprit. Et non, tu n'es pas obligé de faire « AAAAH OUUUUMMM ! » (Atchoum sans son Tch !). Au début, tu seras enseveli de pensées, mais laisse-les partir peu à peu. En plus de retrouver ton calme, tu verras qu'après une courte séance de méditation (5-10 minutes), tu auras l'esprit plus clair. Ainsi, tu seras en mesure de prendre des décisions éclairées, de trouver des solutions lumineuses ; tout sera plus facile, car tu auras inconsciemment pigé dans le cerveau collectif ! Et puisque celui-ci ne ferme jamais, tu peux y avoir accès quand tu veux !

Certaines écoles introduisent une période de méditation dans l'horaire et les résultats sont très concluants ! Teste ça aussi !

ALLIÉ Nº 2 : L'INSÉCURITÉ

Faire des changements et réaliser de grands projets, ça donne des papillons dans le ventre. C'est joli des papillons. Mais quand ça nous embrouille l'estomac et que ça nous empêche de dormir, on a envie de les chasser ou de les épingler sur le mur. La présence de ces papillons dans ton estomac est due à la hâte et à l'enthousiasme, mais surtout à la peur. Et c'est la peur qui te pousse à vouloir tout laisser tomber. Ne t'occupe donc plus de tes papillons et concentre-toi sur ce qui te fait envie.

DÉTERMINE CLAIREMENT CE QUE TU VEUX !

Au fond de toi, tu sais bien ce que tu veux. Nous en parlons depuis plusieurs pages maintenant. Si ce n'est pas encore clair pour toi, concentre-toi bien sur cette étape, elle est très importante. C'est ta demande précise, ton souhait, qui va te mener vers le succès. Sinon, rien ne va changer.

CROIS QUE C'EST POSSIBLE !

Même si tout le monde autour de toi dit le contraire, crois que c'est possible. De toute façon, tu le fais pour toi, pas pour les autres. Crois en toi et visualise que tu réussis. Imagine-toi en vainqueur ou en train de réaliser ton défi. Tu y es presque, le sens-tu ? Tu dois bâtir ta foi. La foi, c'est essayer quelque chose que ton cœur te dit de faire AVANT que ta tête et ton cerveau ne comprennent pourquoi.

SAUTE DANS LE VIDE... SANS PARACHUTE !

Tu n'as pas l'impression d'être tout à fait prêt ? Saute quand même ! En faisant le premier pas, tu n'auras pas le choix de faire les autres. Et tu verras, le plus surprenant est que le chemin à suivre apparaîtra comme par magie devant toi. Aie confiance, tu as déjà réussi !

ALLIÉ N° 3 : LA PASSION ACTIVE

Dès maintenant, commence à penser au rôle que tu veux jouer dans la vie. N'écoute pas les vieux qui te disent : « Deviens médecin, c'est payant » et : « Oh non, pas artiste, tu vas manger du beurre de pinotte pour le reste de ta vie ! » TU PEUX FAIRE CE QUE TU VEUX ! Pense à tes passions et essaie de trouver une façon qui te permettra d'y toucher toute ta vie ! Ne pense pas avec ta tête, pense avec ton cœur et écoute-le bien lorsqu'il bat plus fort. Trouve une façon de t'amuser, tous les jours, même lorsque tu seras devenu un adulte. Tu es chanceux de commencer à y penser tout de suite, car, pour les adultes, c'est très difficile de revenir en arrière !

3 ACTION !

TOUT EST LÀ ! TU ES PRÊT !

Tu as les bons états d'esprit, tu sais reconnaître tes ennemis et tu as bien repéré tes meilleurs alliés.

Il est temps de passer à l'action !

Dans cette section, tu trouveras les bons outils qui te permettront de bâtir TA vie de rêve !

« Je n'ai pas encore tout compris et je n'ai pas étudié ce que tu m'as appris ! »

Pas grave ! Tu as compris l'essentiel et à partir de maintenant, il faut que tu agisses !

Les meilleurs joueurs de baseball ratent leur coup 7 fois sur 10. Mais ils se présentent 10 fois au bâton !

GO ! Dépose le livre et fais quelque chose ! Téléphone à ta tante excentrique et parle-lui de ton idée ! Va jaser avec ton prof le plus cool ! Parles-en à ton meilleur ami ! Fais un pas, un seul, tu verras !

L'ÉQUILIBRE

Dans ta vie, tu vas entendre parler de plus en plus de « l'équilibre ». Manger des repas équilibrés. Avoir une vie équilibrée. Tout est dans l'équilibre. J'aimerais que tu comprennes tout de suite que chercher l'équilibre ne veut pas dire avoir une vie plate.

Voici plusieurs façons d'être en équilibre. Laquelle est la plus amusante ?

En effet, ceux placés aux extrémités de la planche auront BEAUCOUP PLUS DE PLAISIR.

Les gens qui ont les plus belles vies sont des extrémistes équilibrés.

Les autres ? Il y a ceux qui font, il y a ceux qui regardent et il y a ceux qui se demandent ce qui s'est passé. Choisis ta catégorie !

L'objectif est donc de t'amener à utiliser tes pensées pour équilibrer toutes les facettes de ta vie.

LA SÉLECTION DES DÉSIRS

C'est le moment de choisir ce que tu désires être, devenir, faire ou avoir. Après tout, tu es en vacances, tu t'en souviens ? C'est l'heure de s'en donner à cœur joie !

Pour t'aider, tu peux répondre à cette question : « Qu'est-ce que je ferais avec TOUT l'or du monde ? » Ensuite, sélectionne les idées qui t'interpellent le plus, celles qui te font ressentir des papillons en dedans quand tu y penses. Finalement, fais des demandes claires.

Recette d'une demande claire :

Ingrédients :

★ Une tasse de souhaits ou de demandes, au choix

★ 1/4 de tasse ou plus de détails précis et pertinents

★ Une poignée de positivisme

★ Deux ailes de papillon (je blague !)

★ Un bout de papier

★ Un crayon

Méthode :

Écrire la demande sur une feuille à l'aide du crayon (de la peinture, un collage ou tout autre ingrédient semblable fera l'affaire). Y ajouter les détails pertinents. Plus tu ajouteras de détails, plus la recette sera réussie. S'assurer que le mélange est positif. Si tu trouves un **« NE PAS... »**, efface et RECOMMENCE. Affiche le tout dans un endroit à la vue et régale-toi en le regardant le plus souvent possible.

À mon avis, il n'y a pas de meilleure façon d'éliminer des désirs que de les réaliser. Si tu essaies de les faire taire et de les oublier, crois-moi qu'un jour ils te sauteront à la figure. Parles-en à tes parents, ils pourront témoigner de leur expérience !

Avec le temps, tu comprendras que l'argent ne fait pas le bonheur. Oui, tout le monde le dit... et avec raison ! Pourtant, c'est normal que tes demandes concernent l'argent et les biens que tu aimerais posséder. Les jeux électroniques sophistiqués, le vélo dernier cri et les vêtements à la mode ne font pas le bonheur. Tu peux tout de même commencer par là et tu comprendras plus tard ce que je voulais te dire ici... TESTE !

LE FILM DE TA VIE

Toutes les possibilités de ta vie existent déjà. Elles sont programmées et tournent toutes en même temps, comme les émissions aux différents postes à la télévision. Malgré le fait que tu ne regardes qu'une seule émission à la fois (parfois deux, AVOUE !), les autres jouent en même temps. Tes pensées agissent comme une télécommande. Dès qu'une émission ne te plaît plus, hop, tu changes de chaîne. Cela se passe de la même façon avec ta vie et tes choix. Tu t'ennuies, change de poste et trouve-toi un projet. Il suffit simplement d'appuyer sur le bouton ! Maintenant que tu regardes une nouvelle émission, cesse de ruminer à quel point la dernière était décevante. Concentre-toi sur celle qui passe maintenant, dans le présent ! Tous les scénarios existent. Du film d'action, en passant par la comédie et même les films d'horreur ! À chacun ses goûts !

CONTRÔLE TES PENSÉES

Tout part de ton monde intérieur. Non, ça ne part pas de l'école, de tes amis ou de tes parents, ça part de toi. C'est donc à toi de choisir et décider. Plus tes pensées seront puissantes, précises et sans bruit de fond (doute, peur...), plus elles se réaliseront rapidement.

Si tu étais un expert, tu pourrais vraiment matérialiser ce que tu veux par la simple pensée. Incroyable, hein ! Mais ça te prendrait beaucoup de pratique et d'énergie. Pour le moment, contente-toi de demander. Le reste viendra de toute façon !

ABRACADABRA, LE POUVOIR DE LA PENSÉE !

Prends le temps d'observer les gens autour de toi. Tu verras tout de suite que nous vivons dans un monde de chialeux. Par exemple : la météo. QUEL SUJET !

On ajoute ensuite les problèmes de comportement, le prof injuste, la directrice hystérique qui nous donne des boutons et on a assez de matière pour se plaindre pendant des jours. Ce que la majorité des gens font, justement.

Si on comprend qu'une pensée précise peut se matérialiser, pas étonnant que les gens ne soient pas heureux et aient une vie plate. Ils la demandent sans arrêt, en chialant au lieu de prendre les grands moyens et de changer ce qui ne leur plaît pas.

Alors, prends en note :

Chaque fois *que tu penses à quelque chose, ton cerveau émet une onde. Cette onde s'ajoute à toutes les autres que tu as émises auparavant. Lorsque la somme des ondes est assez grande, il y a* ***assez*** *d'énergie pour que la* ***demande*** *se* ***matérialise****.*

Donc, réfléchis bien à ce que tu veux. Parce que ça se réalisera ! Ensuite, si rien ne va plus, ne viens pas te plaindre, car ce sera de TA faute... Alors, dès maintenant, sois positif dans tes pensées et dans ta vie.

TA COLONNE VERTÉBRALE = PUISSANTE ANTENNE

Dans ta colonne vertébrale, il y a plus de 13 kilomètres de fils électriques qui transmettent des messages un peu partout dans ton corps, pour permettre aux muscles et aux organes de bien fonctionner. On nomme ces fils « les nerfs » et ils composent le système nerveux.

PETITE LEÇON D'ÉLECTRICITÉ

Lorsqu'un courant circule dans un fil électrique, un champ magnétique se crée autour de ce même fil comme ceci :

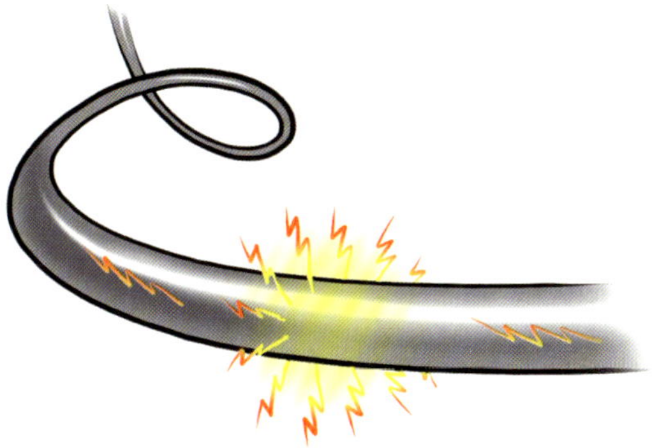

Les moteurs électriques fonctionnent selon ce principe. Le plus surprenant est que, lorsque le champ magnétique créé par un courant électrique frappe un autre fil électrique, il transmet son courant dans l'autre fil SANS MÊME L'AVOIR TOUCHÉ !

Ainsi, toutes les fois où tu penses à quelque chose, tu crées un courant électrique dans ton système nerveux. Ce même courant crée un champ magnétique qui génère à son tour un flux électrique dans le système nerveux des gens qui t'entourent, sans même que tu les touches ! Comprends-tu maintenant pourquoi l'humeur est contagieuse ?

Allons plus loin : plus tu as de l'énergie, plus tu génères des champs magnétiques puissants, plus les autres reçoivent ton signal avec force ! Les gens qui sont à l'aise en public, qui ont du charisme, et qui réussissent à rassembler des foules grâce à la force de leur personnalité appliquent cette loi sans le savoir.

Tu veux téléphoner à ton ami et il te téléphone au moment où tu saisis le combiné. Est-ce un hasard ? Non. Tu as capté son onde magnétique, c'est tout !

Ta colonne vertébrale est comme une antenne avec laquelle tu envoies et tu reçois des ondes ou des pensées. Le long de ton antenne, il existe sept nœuds où la concentration en terminaisons nerveuses est plus grande. On les appelle les chakras. Si tu veux en savoir plus sur les chakras, je te suggère de faire une petite recherche sur le Net. Ces nouvelles connaissances t'aideront à encore mieux maîtriser ton antenne personnelle !

L'ÉTOILE DES RÊVES

Maintenant que tu as eu ta petite leçon de sciences, voyons comment il est possible de mettre tout ça en pratique dans la vraie vie.

Prends une feuille et des crayons de couleur et dessine ceci :

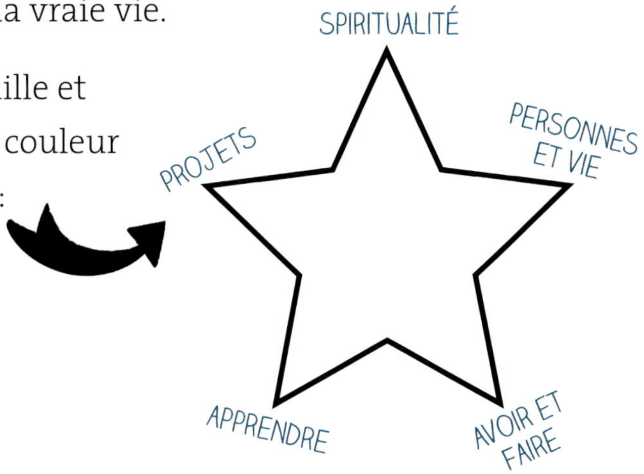

Maintenant que cela est fait, prends cinq autres feuilles et note une catégorie en haut de chacune :

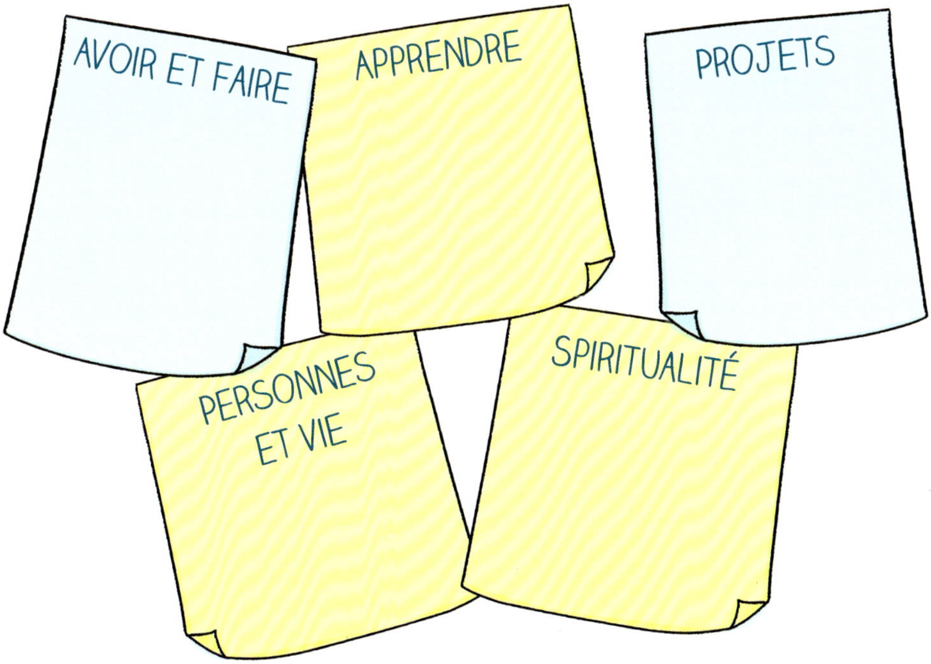

Maintenant, trouve un chronomètre ou une minuterie pour calculer cinq minutes. Pas plus, pas moins. C'est le temps que tu pourras consacrer à chacune des pages.

Commence avec la feuille « AVOIR ET FAIRE ». Tu auras cinq minutes pour écrire ou dessiner toutes les choses que tu veux avoir ou faire dans TA VIE. Si tu dessines, fais de petits dessins simples et clairs. Le plus rapide serait d'écrire des mots, mais si tu es davantage inspiré par le dessin, ne te gêne pas. Quelques idées pour ce premier défi : voyages, maisons, revenus, avions, chaînes stéréo, jeux vidéo, voiture, articles de sport, TOUT. Il n'y a aucune limite, tout est permis. Tu te souviens que toutes les options existent en même temps ?

S'IL TE PLAÎT, LAISSE-TOI ALLER ! Je te dis que tu peux rêver en grand, vas-y, c'est le moment !

À ton crayon, prêt ? Écris le plus vite possible ce qui te passe par la tête ! N'oublie pas de démarrer ton chrono !

VOILÀ !

Maintenant, passons à la feuille « APPRENDRE ». Même consigne : tu as cinq minutes pour inscrire tout ce que tu désires apprendre dans ta vie : une nouvelle langue, un instrument de musique, la magie, le jardinage, le tir à l'arc, le plongeon, l'équitation...

GO ! PAS DE LIMITE !

TROISIÈME CATÉGORIE : « PROJETS »

Pour celle-ci, tu dois te concentrer sur ce que tu veux faire comme travail plus tard. Pas ce que tes parents te proposent ni ce que feront tes amis. Toi ! Tu veux une vie bien remplie, où tu auras des défis stimulants à relever ? C'est le temps de l'écrire ici ! Des exemples : écrire un livre, devenir astronaute, découvrir un remède contre le cancer, ouvrir une école dans un autre pays, lancer une entreprise...

INSPIRE ET... ÉCRIS !

Pour la quatrième catégorie, « PERSONNES ET VIE », tes objectifs doivent être rattachés aux êtres vivants : avoir un enfant, adopter un animal, t'occuper des gens dans le besoin, te marier... N'oublie pas que tu dois penser pour toute ta vie !

C'EST PARTI POUR UN AUTRE CINQ MINUTES !

La dernière catégorie, la SPIRITUALITÉ, est ce en quoi tu crois. C'est la catégorie la plus difficile, car on s'attarde à sa spiritualité en vieillissant. Par contre, elle est aussi importante que les autres catégories si tu souhaites atteindre l'équilibre et le succès un jour ! En commençant aussi tôt, tu pars gagnant ! Voici quelques pistes qui pourraient se retrouver sur ta feuille : pratiquer la méditation, travailler ton intuition, prendre le temps de respirer, te questionner sur ce qu'il y a de plus grand que toi (Dieu, l'univers...) et en discuter avec un adulte, être plus attentif à tes cours d'éthique et culture religieuse...

UN DERNIER PETIT CINQ MINUTES ? C'EST PARTI !

Wow ! Tu as les cheveux en broussaille, les feuilles devant toi sont barbouillées de lettres et de petits dessins et tu as le cœur en fête ! Comme ça fait du bien de prendre le temps de rêver en couleurs !

LASER OU AMPOULE

Maintenant, tu as en main la liste de tous tes rêves. J'espère que ce sont de GRANDS rêves ! Si tu as des papillons d'excitation et de peur dans le ventre en relisant tes listes, c'est parfait ! Sinon, tes rêves sont trop petits...

Ton travail n'est pas terminé ! Il ne fait que commencer ! Tu vas maintenant devoir faire des choix. Mais avant, apprends à te concentrer sur un objectif et cesse de t'éparpiller et de perdre du temps.

Tu ne fais pas ça ? Attends... Je te donne un exemple simple.

C'est l'heure de tes devoirs et leçons. Tu te diriges vers ta chambre, tu t'assieds à ton bureau. Tu t'aperçois que tu n'as pas ton sac d'école. Tu retournes le chercher. Tu veux commencer ton devoir, mais ton crayon est mal aiguisé. En cherchant ton taille-crayon, tu trouves la carte iTunes que tu as reçue pour ta fête et que tu cherchais depuis des semaines. Tu vas annoncer la bonne nouvelle à ta mère. Tu reviens t'asseoir et tu te rends compte que tu as envie. Tu vas à la toilette...

Tu veux que je continue ? Jure-moi que ça ne t'est JAMAIS arrivé...

Tu perds un temps fou en niaisage... Oui ! EN NIAISAGE !

TU ES UNE AMPOULE !

DEVIENS UN LASER !

Une ampoule diffuse son énergie dans toutes les directions. C'est pourquoi ses rayons n'arrivent même pas à percer une feuille de carton. Un laser, par contre, avec la même dose d'énergie, peut transpercer le métal, car son énergie est concentrée au même endroit.

Deviens un laser au lieu d'une ampoule : deviens obsédé par ton projet !

Lorsque tu ne peux plus penser à rien d'autre qu'à ton idée, ton cerveau se transforme en laser. Si tu veux accomplir quelque chose d'important, tu dois fermer la porte à toutes les distractions. Lève-toi un matin et fixe ton objectif de la journée : « Aujourd'hui, je règle ceci... ! » et passe ta journée à être à l'écoute de ton intuition et des coïncidences qui te ramènent à ton projet. Je te promets qu'elles arriveront ! Tu verras que ta vie se transformera à une vitesse folle avec ton cerveau-laser.

Pour utiliser ton cerveau-laser, tu as besoin d'un rêve à réaliser. CERVEAU-LASER = UN RÊVE À RÉALISER À LA FOIS. C'est mon conseil. Visualiser un rêve à la fois évite l'éparpillement et fais en sorte qu'on le réalise plus rapidement. À toi de trouver ta façon de faire la plus efficace.

LES QUESTIONS ET LES AFFIRMATIONS

Avant de continuer ta lecture, tu dois avoir choisi ton rêve. C'est fait ? Excellent, on continue !

Ton rêve doit être très précis. Par exemple, si tu souhaites avoir un chien, tu dois connaître sa race, sa couleur, son âge, même le nom que tu lui donneras ! Si tes désirs sont flous, tu n'émettras pas des ondes assez fortes et, à la place d'avoir un chien, tu auras un toutou !

Une fois que tu es bien certain que tu ne peux pas trouver plus de détails à ton rêve, tu as le choix entre deux façons de faire : les questions ou les affirmations.

LES QUESTIONS :

Tu poses des questions à l'univers, tu fais attention d'être bien ancré dans le moment présent et tu attends les réponses. Tu recevras tes réponses à travers des signes ou des coïncidences. Les hasards et les coïncidences n'existent pas vraiment. Ces événements étranges sont là pour te réveiller, te mettre sur la bonne voie. SOIS À L'ÉCOUTE !

Tu n'as donc qu'à écrire une question précise et attendre la réponse. Dans ce cas-ci, tu pourrais écrire : « *Quel est le meilleur chien pour ma famille et moi ?* » Tu utilises cette approche si tu n'es pas certain du choix à faire. Disons si tu ne sais pas quel chien conviendrait le mieux à ta mère allergique aux poils d'animaux.

Si, au contraire, tu sais parfaitement ce que tu veux, utilise la technique des affirmations.

LES AFFIRMATIONS :

Ce principe est bien comique et les gens te regarderont peut-être avec des points d'interrogation dans les yeux. L'idée est simple : tu agis comme si ton désir s'était DÉJÀ réalisé. Tu veux avoir un chien ? Sors le promener, dis-lui bonjour quand tu arrives de l'école, tu peux même acheter un sac de nourriture. En faisant comme si ton souhait était désormais réalisé, tu émets une onde encore plus forte et le tout se matérialisera !

PETIT-LOOOOOOONG RÉSUMÉ

- Tu es le spermatozoïde le plus rapide. Tu as gagné un voyage de rêve sur la Terre.
- Tout ce que tu vis est le résultat de tes demandes. Fais tout ce que tu peux pour qu'elles soient utiles.
- Cesse de gaspiller ton énergie en t'obstinant avec tout le monde. Garde tes rêves pour toi.
- Teste, travaille ton intuition, garde un âge mental de quatre ans et acquiert un mental en béton.
- Combats les ennemis du succès et reconnaît tes faiblesses.
- Sois curieux, accepte l'insécurité et vis tes passions !
- Trouve ton rôle dans la vie et lance-toi, sans parachute !
- Dessine l'étoile de tes rêves et choisis les désirs qui formeront les cinq branches.
- Utilise ton cerveau-laser.
- Utilise la méthode des questions et celle des affirmations. Garde ton esprit dans le moment présent et sois à l'écoute des signes et des coïncidences.

PETIT RÉSUMÉ : DEMANDE ET REÇOIS !

Eh bien, c'est le titre du livre ! Tu as lu toutes ces pages pour revenir au point de départ ! J'espère que tu as bien compris maintenant !

D'AUTRES TRUCS EN PRIME ?

Tais-toi !

Tu n'as rien à gagner à raconter tes rêves à tout le monde. Au contraire, plus tu en parles, plus tu vas trouver des gens pour te décourager et pour polluer ton esprit. Si chacune de tes pensées agit comme une onde, les pensées des autres aussi ! As-tu envie que les gens génèrent des ondes qui annulent les tiennes ? Parle de tes projets aux bonnes personnes, celles qui te soutiendront !

Observe et comprends ce qui t'arrive.

Reste dans le présent, à observer ce qui se passe autour de toi. Tu vivras des événements extraordinaires qui te fourniront des réponses et te montreront le chemin à suivre. C'est aussi facile que ça !

Les méchants sont en toi ! Les gens qui t'entourent (tes amis, tes frères et sœurs, tes parents) sont tes miroirs. Ils sont très précieux, mais ils peuvent aussi être très durs envers toi. Ils seront les premiers à te recracher au visage tes craintes et tes doutes. Avant de les critiquer et de leur tourner le dos, entre dans ton monde intérieur et fais du ménage. Tu sauras ensuite quoi leur répondre et tu auras résolu quelques problèmes.

LE PARADIS TERRESTRE EST UN ENDROIT *génial*, C'EST **PROMIS !**

4 LES RÈGLES DU JEU

Tout ce que tu viens de lire te servira à vivre une expérience fascinante, ici, au paradis sur Terre. Parce que tu es encore sceptique (en vérité, tu es surtout obstineux!), nous allons ici approfondir quelques notions sur le fonctionnement de l'univers, histoire de fermer le clapet à ton cerveau rationnel une fois pour toutes!

Tu peux penser que l'humain appartient à une espèce intelligente et que son savoir est énorme. Pourtant, nous ne connaissons qu'une minuscule partie de tout ce qui nous entoure. Il n'y a qu'à penser aux étoiles et aux galaxies au milieu desquelles nous vivons. Il faut donc que tu utilises le plus possible ce que tu connais et que tu laisses ton cerveau croire en la puissance de tout ce que tu ne connais pas, mais qui existe!

Voici donc cinq grandes lois qui s'adressent directement à ton intellect pour le convaincre de demander!

ALLONS-Y POUR LES PETITES LEÇONS DE PHYSIQUE!

Nº 1 : LA LOI DE L'ACTION-RÉACTION

Place-toi ainsi :

Pousse LE PLUS FORT possible sur le mur. Pourquoi le mur ne bouge-t-il pas ?

Parce qu'il pousse vers toi AUSSI !
Tu peux cesser de pousser.

Dès que tu as cessé de pousser, le mur a cessé aussi. Le simple fait que tu choisisses de pousser déclenche automatiquement une réaction dans le mur. Tu pousses, il pousse. Tu arrêtes, il arrête.

Réfléchis à ça : même si tu contrôles la moitié de l'action, tu contrôles finalement toute l'action !

Tu ne comprends rien ? PARFAIT ! Au lieu de chercher des réponses, applique-toi à trouver des questions. Lorsque tu poses une question, l'univers déclenche automatiquement une réponse. ACTION-RÉACTION !

Cette expérience prouve que l'univers aime l'équilibre. En plus, il cherchera à garder l'équilibre de la façon lui demandant le moins d'énergie. L'univers est paresseux, tu le savais ?

Tu veux créer quelque chose ? Mise sur le fait que l'univers préfère la loi du moindre effort et dérange-le sans arrêt avec tes ondes de demande. Plus tu y penseras fort, plus tu déséquilibreras l'univers qui te trouvera bien achalant !

Par exemple, avec une vision précise de la décoration de ta chambre idéale (la couleur des murs, les meubles choisis, les objets décoratifs, etc.), ton onde sera assez puissante pour déranger l'univers. Puisqu'il doit bouger, il fera tout pour te faire taire : donc, il te donnera ce que tu veux. À moins que tu finisses par détruire toi-même ton onde avec des pensées destructrices comme le doute (« Ah… Mes parents ne voudront JAMAIS repeindre ma chambre… BOU HOUHOU ! »). Mais ça, c'est ton problème ! À toi de choisir ce que tu veux !

Nº 2 : LA LOI DES ANALOGIES (OU DU PLUS PETIT AU PLUS GRAND)

« Tout ce qui est en haut est comme ce qui est en bas. »

Savais-tu qu'on remarque d'étranges ressemblances entre l'infiniment petit et l'infiniment grand ? Voici des exemples tirés de ce qui t'entoure :

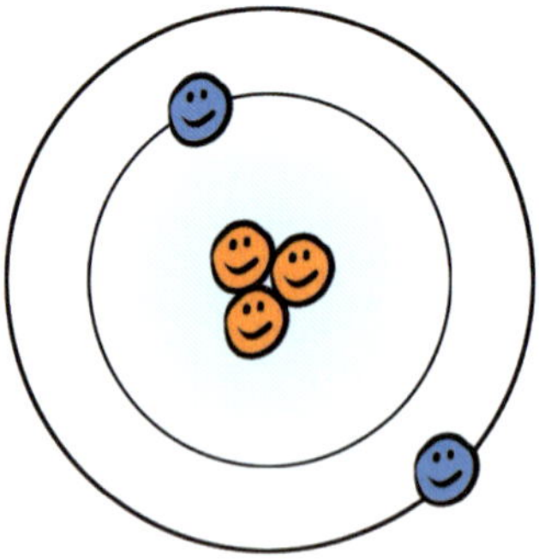

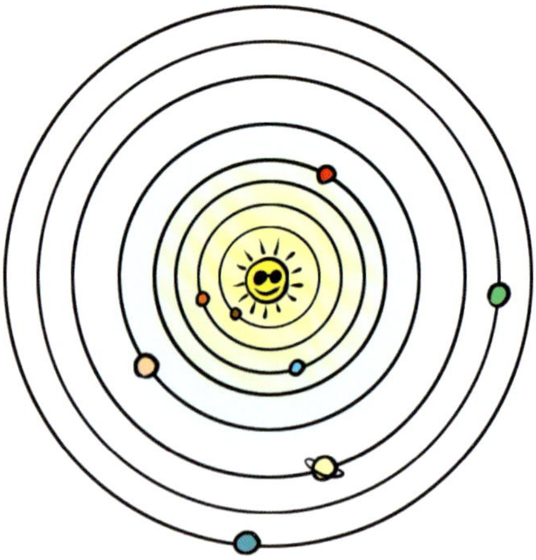

Selon les scientifiques, on peut conclure que, si on comprend le plus petit, on finira par comprendre comment fonctionne le plus grand.

Voici aussi le sceau de Salomon (remarque le triangle qui pointe vers le bas et celui qui pointe vers le haut.

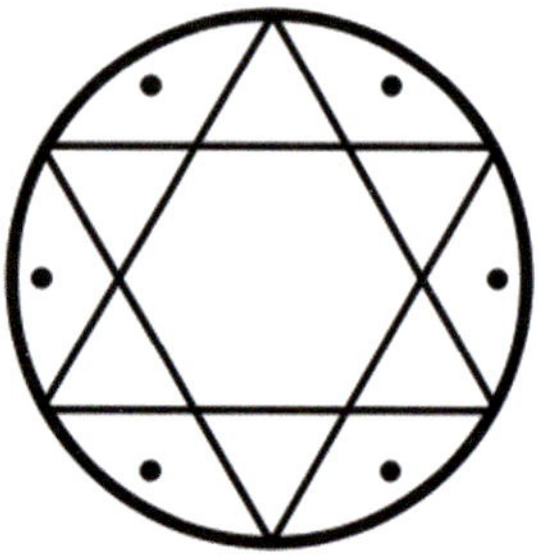

EN RÉSUMÉ : Ce qui est vrai dans tes pensées et dans ton monde intérieur doit nécessairement être vrai dans le monde extérieur.

N° 3 : LA LOI DE LA CRÉATION

Cette loi est l'essence de ce livre. Nous sommes des créateurs et nos pensées sont ressenties par le reste de l'univers.

Je te propose cette petite expérience pour te prouver à quel point ton esprit est fort. Tu vas accomplir un miracle !

TU ES PRÊT ?

Je veux tout d'abord que tu saches qu'il n'y a aucune chaise sous tes fesses présentement. L'objet sur lequel tu es assis n'existe pas ! Je te le jure !

Je vais t'aider un peu.
Ta similichaise est faite de molécules qui sont elles-mêmes composées d'atomes, lesquels se composent d'électrons, de neutrons et protons.

L'arbre est dans ses feuilles Marilonnnnnn Marilééééé !

PETIT DÉTAIL : Voici les proportions des éléments dont je viens de te parler…

Si on grossit l'atome à la taille d'un stade de baseball, son noyau aurait la même taille qu'un grain de sable dans le stade. Autrement dit, ton atome est vide. Examinée à l'aide d'un microscope superpuissant, ta chaise a l'air d'un immense trou !

Tu es assis sur un trou ! Tralalère !

Prêt pour le miracle ? Lève ton poing bien haut et frappe d'un coup sur le mur ou la table. Ton poing n'est pas passé à travers ? Voilà, tu viens d'accomplir un miracle ! Le miracle, c'est que tu sois capable de créer l'illusion du toucher alors que la table est en réalité vide ! Ton esprit est si puissant qu'il trompe tes cinq sens avec du rien du tout. WOW ! TU ES FORT !

Nº 4 : LA LOI DES VIBRATIONS ET DU MOUVEMENT

Au microscope, on s'aperçoit vite que tout ce que nous pensions immobile bouge ! Et tout bouge selon sa propre fréquence. C'est le principe de la fréquence de résonance.

PETIT TEST : Si tu as une guitare, pince la corde « sol ». Elle se mettra à vibrer à sa fréquence de résonance. Ce qu'il y a de plus extraordinaire, c'est ce qui arrive si tu places une autre guitare près de la première. Sans même y toucher, sa corde « sol » se mettra à vibrer, toute seule ! Elle aura été « contaminée » par l'autre corde et entrera toute seule dans la danse !

Selon cet exemple, tu peux aussi réfléchir aux moments où tu es contaminé par la résonance de ce qui t'entoure.

- ★ Tu adores un type de musique.
- ★ Une couleur t'agresse.
- ★ Une personne que tu connais à peine te donne l'impression que tu la connais depuis toujours.
- ★ Tu es incapable de « sentir » une autre personne même si tu ne la connais pas du tout.

En prêtant attention à ce qui te fait « résonner » de manière positive, tu pourras choisir les aliments, les musiques, les couleurs et les personnes qui te donnent de l'énergie et, par le fait même, éviter volontairement ceux qui t'en retirent.

Là encore, tu peux faire des tests et t'ouvrir à ce que tu connais moins. Tu feras probablement de belles découvertes !

Nº 5 : LA LOI DE LA CONSERVATION DE L'ÉNERGIE

Tu as probablement déjà entendu la phrase : « Rien ne se perd, rien ne se crée. » Comprends-tu bien son sens ? Rien ne se crée : tout est là. Nous ne créons rien. Nous ne faisons que déplacer de l'énergie. Tu es un tas d'énergie ! Si tu veux augmenter ta puissance, tu dois éviter de perdre ton énergie en la dispersant dans toutes les directions. Rappelle-toi la notion du laser dont je t'ai parlé plus tôt.

Les inquiétudes, la colère, le stress, l'envie, et les autres émotions négatives vident tes réserves d'énergie. De même, la nourriture que tu consommes, la musique que tu écoutes font varier ton niveau d'énergie. Je me demande bien ce que ça donne manger une grosse poutine en écoutant du heavy métal ? Un autre test à faire ? Et tant qu'à y être, essaie donc la cuisine végétarienne et la musique hindoue !

Fais tes propres expériences et tu trouveras ce qui est bon pour toi. Ce qui l'est pour toi ne le sera pas nécessairement pour une autre personne. Tout le monde est différent !

TESTE !

L'EFFET TURBO

« L'équilibre » est composé de trois volets :

1. *La matérialisation des rêves.* Tu as tout en main avec ce que tu as appris dans les pages précédentes.
2. *Les cinq grandes lois qui s'occupent du fonctionnement de l'univers.* Tu viens tout juste de les découvrir.
3. *Une série d'outils qui te permettent d'augmenter la puissance des lois et d'accélérer la réalisation de tes désirs.* Nous en parlons dès maintenant !

LA NOURRITURE

Tu es ce que tu manges. En fait, tu vibres à la fréquence de ce que tu manges. Tout autant que tu vibres à la fréquence des couleurs que tu portes, de la musique que tu écoutes et des odeurs que tu sens. Trouve ce qui est bon pour toi en expérimentant. Je tenterais d'abord ma chance du côté des mets santé. La lourdeur sur l'estomac venant après s'être empiffré de deux-trois hot-dogs, on dirait que je sais déjà que ce n'est pas l'idéal pour la bonne vibration... Mais tu as raison, c'est bon une fois de temps en temps !

LA RESPIRATION

Tu as trois corps. Va tout de suite le dire à ton prof de maternelle qui t'a appris que tu n'en avais qu'un !

Les voici : le corps physique, le corps astral et le corps causal. Pas besoin de courir vers ton dictionnaire (bien non, je sais bien que tu es encore assis ; de toute façon, c'est quoi ça, un dictionnaire ?).

CORPS PHYSIQUE =
la matière (ton « vrai » corps)

CORPS ASTRAL =
tes pensées, tes émotions (idées concrètes)

CORPS CAUSAL =
le corps du penseur, celui qui a les pensées

Lorsque tu respires, tu nourris ton sang en oxygène. Ce n'est pas tout ! Tu absorbes aussi du *prana*, qui est l'oxygène pour le corps causal. Ajoute le *pranayama* sur ta liste de tests, c'est une technique qui t'apprendra la maîtrise du souffle.

Lorsque le *prana* est abondant et circule bien dans ton corps astral, tes ondes-pensées obtiennent une puissance exceptionnelle. Tu vois où je veux en venir ?

Pour bien respirer, assure-toi que l'air se rend partout dans ton abdomen. Si tu inspires bien, tes poumons fonctionneront au maximum de leur capacité. Tu peux observer que ta cage thoracique, ta poitrine ET ton abdomen sont gonflés lorsque tu prends une inspiration complète. Remarque que, d'habitude, tu ne respires qu'en surface et que seule ta poitrine se soulève rapidement. Prends le temps de réapprendre à respirer! En plus de générer une onde de pensées superpuissante, une bonne respiration est bénéfique pour bien digérer, réduire le stress, éliminer les tensions... Commence ton exercice en prenant quatre ou cinq bonnes respirations au lever et au coucher. Ensuite, tu peux en ajouter lorsque tu commences ta journée à l'école, avant un examen, au retour des récréations. IL N'Y A PAS DE LIMITE! Tu constateras très vite les bienfaits, c'est promis!

VOICI UNE PETITE TECHNIQUE DE RESPIRATION SIMPLE ET EFFICACE :

1. Inspire pendant quatre secondes en gonflant d'air ton abdomen.
2. Garde ton inspiration quatre secondes.
3. Expire pendant quatre secondes.
4. Garde tes poumons vides d'air pendant quatre secondes.

Répète cette séquence quatre fois. Tu peux la pratiquer à quelques reprises durant la journée.

LA PROGRAMMATION DES CROYANCES

Ah! Là, tu sais de quoi il est question! La meilleure façon de reprogrammer tes croyances est d'inventer une phrase que tu vas répéter plusieurs fois par jour.

VOICI QUELQUES EXEMPLES :

- Je comprends bien les mathématiques et je réussis facilement mon examen.
- Je réalise parfaitement ma chorégraphie de patinage artistique et je gagne la première place à la compétition.
- Je réalise mon rêve de suivre des cours de piano.

Si les croyances qui prennent toute la place dans ta tête viennent de ta famille et de tes amis, il est grand temps de faire le ménage et d'y placer ce que tu veux, en les programmant toi-même.

Si tu as toujours en tête des phrases négatives qui commencent par: «Je ne suis pas capable, j'ai peur de...», remplace-les IMMÉDIATEMENT par ces formules magiques qui commencent par: «**Je suis capable,**

je fonce, je fais!» Tu reprogrammeras ainsi ton esprit et tu utiliseras la force de ton onde-pensée pour réaliser toutes tes demandes!

C'est presque magique, mais ce n'est pas sorcier! Ça s'appelle la puissance du subconscient. Débute maintenant, tu verras que ça fonctionne!

LE CONTRÔLE DES FRÉQUENCES

Tu manges mieux? Tu respires bien? Tes ondes-pensées sont hyperpuissantes? Bien! Maintenant, auras-tu assez d'énergie pour profiter de tes demandes si elles se réalisent? Tu te sens si fatigué après une journée d'école et d'activités parascolaires! Voici quelques autres petits trucs à considérer:

Comment te sens-tu après avoir écouté trois heures de télé? Vidé? C'est normal, les fréquences de l'appareil ont tendance à détruire tes réserves d'énergie.

La musique est un excellent moyen pour avoir du contrôle sur les fréquences qui t'entourent. Tu peux commencer par faire cette expérience. Place deux plantes de même type dans deux pièces différentes. Pour l'une, fais jouer du *Mozart* et pour l'autre, du **HEAVY MÉTAL**. Le résultat? À toi de faire l'expérience!

Tu peux aussi vérifier l'impact des couleurs des pièces où tu te trouves. Réfléchis aux endroits où tu te sens le mieux et essaie de déterminer quelles couleurs augmentent tes fréquences. Ensuite, tu n'as qu'à trouver le moyen de t'entourer le plus possible de ces couleurs !

LA MÉDITATION

Méditer, c'est prendre un moment pour se brancher sur le cerveau collectif et sur des fréquences plus hautes pour sortir du tourbillon de nos pensées et bénéficier de fréquences différentes.

Pour ce faire, tu n'as qu'à t'asseoir ou à te coucher. Tu peux mettre une musique douce pour te couper des bruits de la maison. Tu fermes les yeux, tu respires bien et tu laisses tes pensées aller. Tu peux t'imaginer dans un autre endroit, par exemple une forêt, et essayer de ressentir le vent sur ta peau, de sentir l'odeur de la terre humide, d'entendre le bruissement des feuilles. Ton esprit sera centré et tu en ressentiras un immense bien-être. Tu peux aussi te concentrer sur ton corps et tenter de libérer ses tensions avec ton esprit. Il existe plusieurs types de méditation ; si tu veux en savoir plus, tu trouveras de nombreux livres et sites Internet qui traitent de ce sujet et qui s'adressent aux jeunes de ton âge.

Ah-Ooouuuuuummmmmmm...

LES POSTURES DE YOGA

Le mot « yoga » veut dire « union ». L'union avec le divin, avec l'univers.

En plus de favoriser la concentration et la respiration, les postures de yoga aident l'énergie à bien circuler dans ton corps. Des postures simples aux plus complexes, le yoga peut s'adapter à tous les types de personnes. Je t'invite à faire des recherches et à tenter quelques séances avec un entraîneur certifié. Tu pourrais bien faire une merveilleuse découverte. Et non, ce n'est pas *looser* de s'adonner au yoga. FAIS LE TEST !

Maintenant que tu connais les amplificateurs de succès, mets-toi en mode succès dès maintenant !

ET LE BONHEUR DANS TOUT ÇA ?

Tu vis un mauvais moment ? Tu te dis que tout ce que tu viens de lire ne s'applique pas à toi ? Que, de toute façon, il y aura toujours la guerre, la pauvreté, la tristesse et la colère dans la vie ? Tu es déprimé rare, à ce que je vois ! Pourquoi participer à tout ça ?

Parce que tu aimes l'aventure. Parce que le meilleur moment du film d'aventures est quand le héros traverse la rivière remplie de crocodiles. Parce que, sans les tracas, la vie, c'est plate !

Dès maintenant, crée de nouvelles aventures. Tu vivras des hauts, des bas, mais au moins, tu vivras !

TOUT EST MYSTÉRIEUX ET C'EST TANT MIEUX !

Tu vois le livre qui s'achève et tu as l'impression de ne pas avoir tout compris ? Pourquoi vouloir tout comprendre tout de suite ? Joue le jeu de la vie en te disant qu'il n'y a pas de problèmes réels, que ce n'est rien d'autre qu'une pièce de théâtre dont tu es l'acteur principal. Amuse-toi donc et cesse de réfléchir !

LE VRAI BONHEUR EST PERMANENT

Au paradis sur Terre, il y a la poutine et les jeux vidéo. Accepte qu'ils fassent partie de l'aventure et permets-toi d'en profiter! Un jour, quand tu en auras eu assez, tu auras peut-être envie de goûter à autre chose. À ce moment, tu seras satisfait de les laisser de côté.

En attendant, profites-en !

CHANCEUX OU MALCHANCEUX ?

POUR COMBLER L'ABSENCE DU CHEVAL, LE PAUVRE PAYSAN ET SON FILS DOIVENT TRAVAILLER ENCORE PLUS FORT.

DEUX SEMAINES PLUS TARD...

VOUS AVEZ DE LA CHANCE ! VOTRE CHEVAL EST DE RETOUR !

MON CHEVAL EST REVENU. CHANCE OU MALCHANCE, PERSONNE NE LE SAIT.

MON PAUVRE, VOTRE FILS EST BLESSÉ. IL NE POURRA PLUS VOUS AIDER SUR LA FERME. QUELLE MALCHANCE !
CHANCE OU MALCHANCE, PERSONNE NE LE SAIT.

LA GUERRE ÉCLATE ET TOUS LES JEUNES HOMMES DU VILLAGE DOIVENT ALLER SE BATTRE.
QUELLE CHANCE ! VOTRE FILS HANDICAPÉ RESTE AUPRÈS DE VOUS, ALORS QUE NOS FILS DOIVENT ALLER SE BATTRE.
CHANCE OU MALCHANCE, PERSONNE NE LE SAIT...

Cet homme est-il CHANCEUX ou MALCHANCEUX ? Ni l'un ni l'autre. Il obtient ce dont il a besoin à chaque instant. NE JUGE PAS CE QUI T'ARRIVE. Demande-toi surtout pourquoi ça t'arrive maintenant et comprends le message !

LIBERTÉ OU DESTIN ?

Une petite question : selon toi, es-tu LIBRE ou LIÉ par le destin ? Voilà une question fondamentale dans la quête du bonheur.

Ma réponse, pas très convaincante, me diras-tu : tu es libre et en même temps lié au destin. Tu es à la fois marionnette et libre...

Chaque fois que tu utilises ta liberté, tu te lies au destin parce que ce destin, tu l'as toi-même créé.

CONCLUSION

Si la seule raison d'être des humains était de manger, boire, dormir, se défendre... un costume de lion ou de cochon aurait mieux fait. Mais non, tu es habillé en HUMAIN. Il doit bien y avoir une raison... Il y a l'immense privilège de pouvoir créer de nouvelles aventures dans ta vie, et de demander tout ce que tu veux à l'univers.

Alors, que fais-tu là devant ton écran
quatre heures par jour ?

Que fais-tu là à dire qu'il n'y a « jamais rien à faire » ?

Que fais-tu là à tenir ce livre ?

Ne perds pas une minute de plus !

Ne va pas où le chemin te conduit. Quitte le chemin et laisse tes propres traces.

Pierre Morency

PIERRE MORENCY

L'EXPLORATEUR SCIENTIFIQUE !

Nous avons toujours été fascinés par les grandes contradictions de la vie. Le yin, le yang. Les ténèbres, la lumière. Le hot dog, le caviar... C'est toujours dans les paradoxes que se retrouvent les grandes énigmes, mais aussi les grandes réponses. Justement, on a mis quelque temps avant de déchiffrer et découvrir qui est celui qu'on appelle l'Explorateur scientifique.

Chercheur, père de 5 enfants, auteur, conférencier, diplômé en génie physique et consultant stratégique, Pierre Morency a passé plus de 30 ans à la recherche de l'équilibre et du succès. Les livres *Demandez et vous recevrez*, *Les Masques tombent* et *Le Cycle de rinçage* ont fait de lui un des auteurs les plus lus dans le domaine du développement personnel. Quiconque a eu le privilège d'assister à un séminaire de Pierre Morency vous dira que ce qui marque le plus, c'est sûrement la joie de réussir à recoller les pièces de ce grand puzzle : les affaires, la vie personnelle, la vie familiale et la vie spirituelle. Pierre nous rappelle les premiers grands penseurs de la Renaissance. Au siècle des Lumières, la soif de connaissance et celle de trouver un sens à la vie a poussé des hommes exceptionnels à reprendre le flambeau que Prométhée avait donné aux hommes. L'univers commençait à se dévoiler peu à peu à ceux qui osaient se plonger dans l'immensité du Savoir. Avec les siècles, la flamme s'est malheureusement perdue dans l'obscurité d'un monde où la machine, les plans d'affaires rigides et des horaires inhumains ont enlevé l'Homme de l'équation pour le remplacer par la Productivité à tout coup.

On s'imagine que ce fut d'abord pour lui et ses proches que Pierre s'est lancé à fond dans l'étude et l'application des Lois du Succès. Pour sa liberté et son bonheur. Heureusement, il fut vite emporté par la passion de partager ces Lois avec le monde. Fort de ses cinq années passées dans la prestigieuse firme McKinsey & Company, notre Explorateur s'est investi corps et âme dans cette quête qui lui a permis d'aider non seulement des milliers d'individus à combiner travail et plaisir, mais aussi un nombre toujours grandissant de jeunes entrepreneurs qui, grâce à ses techniques révolutionnaires de mise en marché et d'approche à la vie, ont vu leurs projets et leurs talents grandir de façon admirable. Voilà qu'il présente enfin ses perles et ses trouvailles à un public qu'il chérit profondément : les enfants !

Qu'il soit en train de tester avec rigueur les bienfaits de la méditation auprès des grands maîtres en Inde ou de captiver une salle remplie à craquer de chefs d'entreprise à Boston ou Las Vegas, celui qui nous incite à répétition à « ne pas aller là où le chemin nous conduit, mais à quitter le chemin pour laisser des traces » poursuit de plus belle ses recherches et ses aventures. Des milliers de gens le comptent parmi leurs collègues, amis et partenaires dans l'odyssée qui mène chacun d'entre nous à toujours alimenter cette flamme éternelle de la connaissance. Prométhée peut donc se rassurer, le flambeau a été passé à la prochaine génération. Pierre Morency peut aussi désormais se dire qu'il a fait de même !

VALÉRIE FONTAINE

L'ADAPTATRICE !

Valérie Fontaine est une auteure-enseignante-maman. Toujours un pied dans l'imaginaire, elle écrit et note du matin au soir. On ne sait pas si elle invente les histoires de ses livres pendant qu'elle danse en cuisinant ; par contre, on sait qu'elle dévorerait bien des livres pour souper.

Valérie demande et reçoit depuis plusieurs années ! Elle peaufine ses demandes et profite de leur réalisation avec grand bonheur. Elle met en pratique les enseignements de ce livre et jure que tout cela fonctionne réellement ! La preuve : travailler sur ce projet, elle l'avait demandé !

Elle adore aussi se promener dans les écoles du Québec pour offrir des animations inspirantes pour les grands comme les petits !

Peu importe la façon dont vous rencontrerez Valérie, à travers ses livres ou en personne, vous pouvez être certain d'une chose : ce sera un coup de cœur assuré !

JEAN MORIN

L'ILLUSTRATEUR !

Jean Morin est né à Québec le 10 décembre 1959. Il réussit à passer au travers de l'école primaire, de l'école secondaire et de quatre ans de cégep, période où il cherche sa voie. Après un bac en communication graphique à l'Université Laval, il travaille, de 1984 à 1996, comme graphiste pour diverses entreprises. Un cheminement qui l'amène à découvrir sa véritable passion, l'illustration. Depuis 1997, il illustre pour des éditeurs scolaires, des éditeurs jeunesse et aussi pour des entreprises de publicité. Il adore son travail, car le domaine de l'illustration lui permet d'explorer différentes expressions de son art en passant du dessin d'humour à celui du conte, du dépliant informatif à la publicité…

Créateur un jour, créateur toujours, Jean a des projets plein la tête dont celui de réaliser des albums pour les jeunes. Il aimerait être l'auteur et l'illustrateur d'une série, voire d'une collection complète !